U0097820

VENUS PUBLISHING CO.
金星出版
命理生活新智慧・叢書

VENUS PUBLISHING CO.
金星出版
命理生活新智慧・叢書

命理生活新智慧・叢書　56-2

對你有影響的
天空、地劫

金星出版社 http://www.venusco555.com
E-mail: venusco555@163.com
venusco@pchome.com.tw
法 雲 居 士 http://www.fayin777.com
E-mail: fayin777@163.com
fatevenus@yahoo.com.tw

法雲居士⊙著

金星出版

國家圖書館出版品預行編目資料

對你有影響的『天空、地劫』
法雲居士著.，　.--臺北市：金星出版：
紅螞蟻總經銷，2010年09月 修訂二版；
面；公分—
（命理生活新智慧叢書；56-2）
ISBN 978-986-6441-25-7　　（平裝）

1.紫微斗數

293.11　　99015468

優惠·活動·好運報！
快至臉書粉絲專頁
按讚好運到！
金星出版社

對你有影響的天空、地劫

作　　者：法雲居士
發 行 人：袁光明
社　　長：袁光明
編　　輯：王璟琪
總 經 理：袁玉成
地　　址：台北市南京東路三段201號3樓
電　　話：886-2-25630620，886-2-23626655
傳　　真：886-2365-2425
郵政劃撥：18912942金星出版社帳戶
總 經 銷：紅螞蟻圖書有限公司
地　　址：台北市內湖區舊宗路二段121巷19號
電　　話：(02)27953656(代表號)
網　　址：http://www.venusco555.com
E-mail：venusco555@163.com
venusco@pchome.com.tw
法雲居士網址：http://www.fayin777.com
E-mail：fayin777@163.com
fatevenus@yahoo.com.tw

版　　次：2010年09月 修正二版　　2018年12月 加印
登 記 證：行政院新聞局局版北市業字第653號
法律顧問：郭啟疆律師
定　　價：400元

行政院新聞局局版北字業字第 653 號
(本書遇有缺頁、破損倒裝請寄回更換)
版權所有・翻印必究

投稿者請自留底稿
本社恕不退稿

ISBN：978-986-6441-25-7（平裝）
＊本著作物經著作人授權發行，包括繁體字、簡體字。
凡本著作物任何圖片、文字及其他內容，均不得擅自重製、仿製或以其他方法加以侵害，否則一經查獲，必定追究到底，絕不寬貸。
（因掛號郵資漲價，凡郵購五冊以上，九折優惠。本社負擔掛號寄書郵資。單冊及二、三、四冊郵購，恕無折扣，敬請諒察！）

序

這本『天空、地劫』是一冊書中的第四本書，其他還有『羊陀火鈴』、『權祿科』、『十干化忌』、『殺破狼』、『府相同梁』、『昌曲左右』、『紫廉武』、『日月機巨』，也許後面還會增加書目。

近來常有朋友及讀者來詢問我：『到底電視媒體和報紙上所講的，有關於命理方面的問題，可信度有多高？』

大概近來電視媒體和報紙上命理節目眾多，受到歡迎，已引起大家廣泛的注意。在我覺得這是一個好現象，至少已喚起大眾對命理學的重視，以及大家對自身的吉凶安危有了警惕作用。更可在此經濟慘澹的時節，讓大為經營美好生活而努力有了方向目標。但是電視、報紙都是營利機構，節目內容多半綜藝化的結果，談論命理學的人員多半是被製作單位塑造具有演藝性的效果，而且

天空、地劫

所談論之話題，為了譁眾取寵，提高收視率，也離不開腥、羶、色等主題，這也間接的抹黑了命理學的知識水平和內容的博大精深。更貶低了命理學的格調。實際上大家也只是好玩看看，並不見得認真來看這些頂著命理學的帽子，實質只是內容空洞，扮丑逗笑的綜藝性的表演而已。目前許多電腦上的命理網站也有如此腥、羶、色之現象。所以讓一些真心熱愛命理及想真心瞭解命理的人不知所以。

全世界的人都愛算命，中國人尤其愛算命，台灣人算命最多。所有欲進入命理世界的人，都是對未來抱有極大希望的人。也可說是對自己抱有極大希望，想改變及增高自己未來成就的人。自然你的需求是在瞭解自己的潛能，開發未來，算準時機，一舉攫取你的目標，這才是你的人生大事。要達到此目標，自然你所需求的命理學是踏踏實實，算的準、內容紮實、理義分明、知識廣博，能涵蓋一切你所想知道的，能成就你的富貴、功名利祿、人生美好的命理學。因此前述媒體上的笑談節目，也只是你茶餘飯後的消遣餘興，不必太認真了。實際上這些命理節目的製作人，也只是在製作博君一笑的娛樂節目，所以你又何必太認真呢？

我們每一個人在一生中都有千千萬萬的抉擇，在我們讀書、求知識的過程裡，也常遇到相互矛盾的理論，要靠我們去抉擇是非對錯、去蕪存菁，才能更上一層樓。在現今言論自由的社會裡，你身旁的雜音更多，要如何去篩檢、去評量是非對錯和好與壞，這就要靠個人的智慧與直覺去辨別了。因此當你有了這些概念之後，你就不會為媒體上之言論可信度有多高的問題傷腦筋了。

孔子曰：『不知生，焉知死。』我們學命理最能瞭解這層意義。因此在我們學命理時，不但能窮通宇宙的奧秘，也能知道『如何生、如何死』的人生奧秘。『如何生』是如何生活。『如何死』是如何結束。如何活得快樂，得到你一生夢昧以求的東西，得不得的到，要如何得到，這些都是『如何生』的學問奧秘。走路走偏了，要如何回頭？要如何結束壞運，回到好運的正常道路上來，如何去除不好的、不想要的東西，這些都是『如何死』的學問奧秘。因此，『如何生，如何死』的人生奧秘，其實就包括了從生的時候起，一直到人生結束這段漫長歲月中，一切一切的生活智慧了。倘若大家都能智慧明通，也就不怕命運起伏、顛波，自然會順應自然，在何時何地都能如履吉地，而快樂祥和了。這也是我們在命理學上努力奮鬥的目標啊！在此與讀者共勉之。

法雲居士　謹識

命理生活叢書56-2

天空、地劫《二版修訂版》

天空、地劫

目錄

紫微命理學苑

法雲居士 親自教授

● 紫微命理專修班

一期12周小班制
台北班：周六下午2時至4時
台中班：周日上午10時至12時
高雄班：周日下午2時至4時

● 紫微命理函授班

一期12周，每期函授。每期老師均會與學習者見面一次，答覆問題。

報名地址：
台北市中山北路2段115巷43號3F-3
電　話：(02)25630620・25418635
傳　真：(02)25630489(報名簡章待索)

法雲居士

◎紫微論命
◎代尋偏財運時間

賜教處：台北市中山北路2段115巷43號3F-3
電話：(02)2563-0620
傳真：(02)2563-0489

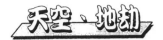

前言

這一本『天空、地劫』，是一套書中已出版的第四本書。其餘的書是『羊陀火鈴』、『權祿科』、『十干化忌』、『殺破狼』、『府相同梁』、『昌曲左右』、『紫廉武』、『日月機巨』。

這套書在出版前幾本時，已得到讀者廣大的回響。因此許多讀者詢問命理上相關的問題也紛至沓來。問題繁雜，各式各樣，但所有的問題在根本基礎上應著重於『觀念』的問題，也就是說，先有好的觀念，就能得到好的學習方法，才能真正學習到精準的命理知識和學問。

天空、地劫

其實由朋友們的來信中，我體會出讀友們的問題根結在什麼地方？現在經過整理後，在此本書的『前言』做一個交待，以便朋友在學習命理的時候，有一個主題精神做歸依，不致於徘徊、深陷在細小些微的問題之上，而無法釋懷。

紫微命盤應和八字相配合來論命

紫微斗數是從八字學而來的，因此許多星曜名稱源自八字的星曜與神煞。嚴格的說起來，紫微斗數就是把八字『立體化』、『科學化』。紫微斗數星盤的內容就是把八字中的內容再重新組合整理、歸類，那些事歸於那一宮。如有關於可運用錢財多寡、拿得到、摸得到的錢財問題，以及如何花用錢財的問題都歸於財帛宮來展現。天生命裡有多少財呢？則歸於福德宮來管。財、福二

天空、地劫

宮相照之下，就知道你本命帶有多少財了，也知道你到底一生能花到多少財了。官祿宮看聰明、能力及一生的成就，和打拚能力。因此紫微斗數把『八字學』籠統的知識學問，轉變成現代化、讓人易懂的命理知識和學問。

亦可以說『八字學』是『文言文』的知識學問，而紫微斗數是『白話文』的知識學問了。更可以說是紫微斗數是較『八字學』更進步的命理學問。

每一種命理學都有其優異性及缺點，像『八字學』，利用生辰八字（只有八個字）來究人一生的利弊亨通，內容知識繁雜、神煞格局太多、很多人較難進入來研究透徹，而且『八字學』也經後代的不斷演進，又延伸了無數的格局和派別，更為龐雜。紫微斗數就是『八字學』在進化過程中所產生的另一種論命方式。其根本的命理精神及星曜名稱也源自於『八字』。

紫微斗數是一門歸納學，將相同性格、相貌、習性，甚至命運歷程類似的人歸於同一命格的人。但是有時候你會發現：相同命格的人一生的富貴亨通，其實也會相差的很遠。例如我曾經舉過的例子：同是『七殺坐命寅宮』的人，命裡的財多、財少不一樣。遷移宮都是紫府，具有良好優異富足的環境。但這個紫府的環境就有差，一生的境遇也有差。這是由於八字不同，因此人生格局也有大小之分。另外，就是人必須走對自己人生的道路。人雖然有很好的打拚意志力，但命理格局上有一破耗點！（凡是人，必有一破）這個破耗點要看在那一宮位，若是在官祿宮，又逢主窮的格局，就會愈打拚愈有問題、愈打拚就愈窮了。

下面的兩個命盤格式，同屬『七殺坐命寅宮的人』。前者㈠是

天空、地劫

在一大學中任職主任之職，略有積蓄、房地產的人。後者㈡是做房地產生意，但欠債累累，目前沒有房地產的人。

㈠大學主任之命盤、八字

田宅宮 太陽 陀羅 己巳	官祿宮 破軍 祿存 文昌 庚午	僕役宮 天機 擎羊 火星 天空 辛未	遷移宮 紫微 天府 左輔 文曲化忌 壬申
福德 武曲化祿 戊辰	陰女 己丑 庚午 辛未 壬辰		疾厄 太陰 癸酉
父母 天同 地劫 丁卯			財帛 貪狼化權 (身) 甲戌
命宮 七殺 鈴星 丙寅	兄弟 天梁化科 丁丑	夫妻 廉貞 天相 丙子	子女 巨門 乙亥

㈡做房地產生意人之命盤、八字

田宅宮 太陽化祿 己巳	官祿宮 破軍 文曲 左輔 (身) 庚午	僕役宮 天機 陀羅 辛未	遷移宮 紫微 天府 祿存 文昌 右弼 壬申
福德 武曲化權 火星 戊辰	陽男 庚子 庚辰 丙子 庚寅		疾厄 太陰化忌 擎羊 天空 癸酉
父母 天同化科 丁卯			財帛 貪狼 陰煞 甲戌
命宮 七殺 天馬 天才 丙寅	兄弟 天梁 地劫 丁丑	夫妻 廉貞 天相 鈴星 丙子	子女 巨門 乙亥

天空、地劫

由這兩個命盤比較起來，由表面看來，似乎前者大學主任之命盤較差，命宮有鈴星，遷移宮又有文曲化忌、官祿宮有破軍、文昌，為主窮的格局，後者命盤中命宮有天才，智商高，遷移宮除紫府外，尚有祿存、文昌，環境富裕保守、高尚、美麗。官祿宮同樣有破軍、文曲、左輔，形成主窮的格局，這時候你可看到不太相同的是：一個人在財帛宮有貪狼化權，身宮還在財帛宮，表示在賺錢上有好運，而且可強力主控獲得。一個人在財帛宮是貪狼居廟，也有錢財上的好運，但略輸一籌。前者福德宮有武曲化祿居廟，和貪狼化權形成最強之偏財運格，在辰、戌年都會爆發，威力驚人，會抬高人生之層次，主富貴。後者福德宮雖有武曲化權，但有火星同宮，亦形成突發事件之刑剋。表示看起來，像是具有『武火貪格』，但仍是刑財格局，實際暴發運沒有想像得多。

兩人的官祿宮都有『窮』的格局，大學主任的官祿宮是『破軍、文昌、祿存』，做房地產生意的人的官祿宮是『破軍、文曲、左輔』，破軍無論是和文昌同宮，亦或是和文曲同宮，都是『窮』的格局。會在工作上賺錢少。有此格局時，以做薪水族和公務員，有固定的月薪及專業技能較佳，才會生活平順。大學主任是一直在學校教書，是公教人員，因此算是走對了路子。而房地產生意人都自己做生意，沒有固定的薪水，並且在官祿宮窮格中，還有左輔出現，左輔是助善也助惡的，因此，會更幫助他在愈想打拚時，就愈窮，是事業上愈做愈窮的格式。此人田宅宮好，環境不錯，應可多買房地產，做一個寓公來享清福，及過閒雲野鶴的日子，財也會平順而慢慢多起來，他的財富就是房地產，但是其人偏想做大事業，於是借貸愈多、愈做愈窮。愈打拚、借債愈多，根本無法負荷，這就是看不清自己的人生，走不對路的關係。其實從『八字』中也可看出此人日主為丙子，出生於白天，只是適宜清靜養晦之人，不適宜再如此打拚，只會破耗更多，連累家人而已。這也是命中財多財少的問題。財少而讓此人頭腦不清，反而愈做愈錯，走不對人生的道路。再加上他的健康情形極差，很可能會早夭而留下大筆債務連累家人。

因此在觀命時，要將紫微斗數與八字一起來看，會對人的命格有更深的瞭解。這樣也才更能發掘人生的問題在何處，能改進命格瑕疵的人，就能掌握人生，得到平順富足的生活。

天空、地劫

天空、地劫在命格中，也要藉由八字來看

在每個人的命盤上，都有天空、地劫。因為在宇宙中有許多的

時間空隙點，因此在人命之中也有許多的空隙點。天空、地劫就代表是這些時間和空間和思想上空隙點。

天空、地劫

天空、地劫兩顆星在人的命理格局中，其實是一起發生作用的，也是互為因果作用的。所以在論命時單獨分開來看，就有『管中窺豹，未見全局』的狀況了。而且你也會弄不懂為何這裡『空』，那裡就『劫』呢？為何這裡被『劫』，那裡就『空』呢？這在命格上到底是形成了什麼樣的限制與緊縮或漏失的規格呢？

所以，再加上用八字來配合來看，就更能明白你的人生中到底是『空』了什麼？被『劫』走的是什麼了。譬如說：八字中財少的人，在斗數命盤上，財帛宮雖不錯，但有天空、地劫在命、福二宮出現的人，就知道其人是因本身頭腦和思想的關係，財少，一生的享用不多，也只是一個平常人之命格，有起碼的食祿而已，不會有

天空、地劫

大財出現，也不可能有成就了。

命中真正的財、官，還是要用『八字』來定位最準。紫微斗數命盤的命格是以所有命格、命宮的人在做比較的，具有普遍性，是一個大致的狀況。財多到什麼狀況，財窮到什麼樣的狀況，並不能有確實數據，因此用八字相配合來看會更準確一些。這也是紫微斗數現存的缺點之一。

第一章　天空星的善惡吉凶

第一節　天空星的善惡吉凶

天空星五行屬火，是陰火。是時系星，以本生時安之。在斗數中是管命主及身主之宿。也是上天空亡之神，入命屬劫殺之神。

在《紫微斗數全書》中指出，天空坐命的人有多重性格，做事不實在、虛空、不行正道、成敗多端、不聚財、退祖榮昌。天空星有多種不吉，故又稱為『斷橋煞』。有吉星居旺和天空同宮時，災

天空、地劫

禍會輕，或沒有災禍。天空和四殺（羊、陀、火、鈴）同宮，其中煞星少一點的還好，煞星太多的，以下賤命論之。倘若女子命宮中有天空星單星坐命者，只會為偏房的妾或婢女之命。

《斗數全書》中，『天空入命吉凶訣』中，歌曰：

命坐天空定出家、文昌天相富堪誇、
若逢四殺同身命、受蔭承恩福可佳。

這是指天空在命宮中，而命宮為破軍坐命的人，如紫破、廉破、武破坐命的人，再在遷移宮中有文昌、天相，或是有羊、陀、火、鈴四殺同在身宮、命宮之中，是會出家做大和尚，但會做富裕有錢、知名、有成就的和尚，可享受到上天的蔭庇與執政者的照顧，福氣是很好的。

天空、地劫

※例如台灣的星雲法師，本身是紫殺坐命者，空、劫在財、官二宮，身、命及三合四方多煞星。所建立之佛光山宗教事業富可敵國，是全世界資產最龐大的宗教團體，名揚四海即是。

《斗數全書》中，『天空入限吉凶訣』中，歌曰：

空亡入限破田庄，妻子須防有損傷，
財帛不惟多敗失，更憂壽命入泉鄉。

這是指天空星出現在大小限運或流年運氣之中時，會破耗田產、房地產。而且妻與子都有災禍或死亡。（古時以妻與子為耗氣），在錢財上進財不多，反而損失較多，更要擔心壽命不長，或因病或意外而死亡。

因此天空星在表面上看起來是凶多於吉的。但是天空星有自己特殊的意義，因這些特殊意義的存在，也能創造出一些特殊的、意境高雅的命理格局出來，或者使人命浮空，而超脫出一般俗世的格局。有時亦能停止桃花邪佞，及煞星的運作，而對人命有益。

天空星的正名問題

在許多坊間的紫微斗數的書上，以及坊間斗數印命盤的電腦軟體上，都會同時出現『天空』與『地空』兩顆星。常常讓讀者很混亂，搞不清楚。

這些書上常引用一段文字來解釋『天空星』的出處。

經曰：『駕前一位是天空，身命原來不可逢，二主祿存若逢此，閻王不怕你英雄。』駕則生年太歲也，前一位則安天空。

身命逢之無吉，多孤寡僧道。

天空、地劫

而『地空』星通常少解釋，而稱其為『斷橋煞』！
這和我們書上所談之『天空星』有很大的出入！
我們書上的『天空星』是根據《紫微斗數全書》而來的，天空星是時系星，以時辰來設定之。而前述之天空星稱生年太歲前一位安天空星，顯然是以出生年支之前一宮來設，可見是以『年』為標準來設定的，故而不是斗數中所稱之的『天空星』。
而『地空星』在紫微斗數上從未提及。由坊間的書及軟體上稱其為『斷橋煞』，可見與《紫微斗數全書》中所稱之『天空星』為同一顆星。也就是說別人所稱之『地空星』其實就是我們書中所稱之『天空星』。

天空、地劫

為什麼會這樣?

中國古有五星之術，稱為五星學。唐代李虛中改良五星學而為『祿命學』，推算祿命，繼承了許多五星學之星曜、神煞。而徐子平又改良了『祿命學』，而為八字學，又繼承了『祿命學』的星曜、神煞。後來紫微斗數又改良了『八字學』，而獨成一派，自然也延用及改良、取捨了許多『八字學』和星曜、神煞。

因此，當你看到有天空、地空同時出現的書籍及軟體時，你就會知道，這些人又把『八字學』中的星曜、神煞拿來加入混淆了。其實真正的『紫微斗數』已經把這許多的星曜、神煞，規劃整理，統一起來，概括以『天空星』來稱之。

例如：

五星學之『祿』，和李虛中『祿命學』中之『祿』，是臨官、

天空、地劫

帝旺而稱之。而子平法『八字學』中，改以『官星』為祿。而紫微斗數中以祿星有化祿、祿存二星來稱之。

而五星學的『馬』（驛馬）和李虛中的『馬』，以對沖為馬，旁沖為『亡神劫煞』。『子平八字學』改以『財』為馬。而紫微斗數中有天馬星，馬在寅、申、巳、亥四宮。

五星學中的『貴』，和李虛中『祿命學』中的『貴』，是天乙、玉堂，稱為貴神。子平八字學中以『貴』為官。也有天乙貴人和玉堂貴人。紫微斗數中以天乙貴人為天魁星。以玉堂貴人為天鉞星。

這些都是歷代命理學改革的痕跡和延襲之故。因此，當讀者們看到天空和地空同時出現在命盤上時，便知道那些人又在故弄玄虛，又翻出八字中的神煞星曜來攪亂紫微斗數的正常運作了。

天空、地劫

紫微斗數正是因為有這樣的改革，才能進入電腦化的時代，也才能跟得上現代人的腳步，成為更精準，更適用於這個科學化時代的命理學。（請參考本社出版之《紫微斗數全書》及法雲居士批注之《紫微斗數全書詳析》）

（這些命盤軟體不是不能用，只要當你看到地空星時，將之改為紫微斗數的天空星，把另外多一個的天空星劃掉即可。在其他書上看到地空星時，你就會知道它就是原本紫微斗數中的天空星，這樣，你就不會太混亂、太煩惱了。）

現在為了新加入研習紫微命理行列的讀者研究之方便，再把天空、地劫之排法公佈一遍。

天空地劫訣 論本生時

亥上起子順安劫，逆回便是天空鄉。

天空、地劫

本生時	子	丑	寅	卯	辰	巳	午	未	申	酉	戌	亥
天空	亥	戌	酉	申	未	午	巳	辰	卯	寅	丑	子
地劫	亥	子	丑	寅	卯	辰	巳	午	未	申	酉	戌

事實上，天空就是**天然成空**的意思，也是『**自然而然消失沒有了**』的意思。通常這是指在思想上清純、清高，是一種天生自然的空泛純淨。所以有天空星在命宮的人，多半心地皎潔、清高，對錢財不會算計，或是思想不周全，沒有想到而耗財或漏失。因此有天空星在命宮中，好的一面，就是思想純潔清高，有特殊靈感，富幻想，能創造擁有人性高超潔淨的智慧和理想。就像　國父孫中山先生就是天空坐命酉宮，對宮有陽梁相照，擁有極優美的『萬里無雲』格一般。他一生為革命理想奮鬥，改變了中國的命運，也是將東方的人類帶進一個民主科學的世紀之中，這種理想的創造者，也

不是其他的命格所能比擬的。因此，你說天空星是不是也有極善的一面呢？

天空、地劫

天空星是『精神上的空』

天空星是『精神上的空』，這個意思就是指天空星是在精神層面的清高、清純。就像我們仰望清澈的藍天，十分深邃、幽遠、崇高，仰之彌高。

天空星像是『真空』狀態，但有時又不能完全將之看為『沒有』。（『真空』狀態中尚有正電子和負電子，仍有細緻的物質）。就像命宮中有一顆天空星的人，會具有特殊靈感和智慧，不同於一般流俗，容易活在自己的幻想中。像　國父孫中山先生就把幻想變成真實的了。而且　國父孫中山先生也具有博士的學位，也不是沒有知識及無知的人，況且　國父也活了六十歲，積勞成疾而生肝病逝世。因此，天空星入命時，也並不是完全無所做為，也未必成為無用的人，這完全要看八字的組合，及『命、財、官』之組合而定了。

（此章節所談之天空，是以單星出現時的狀況。當『地劫、天空』同宮時會另有章節再談）

第二節　『天空』的特性

命書上說：天空星的特性有『逢吉不吉，逢煞不惡』。

天空星實際上就是一個『空』、一個『無』。

天空、地劫

天空星和吉星同宮時，(這是說吉星和只有一個天空星同宮時)，逢吉，不算太吉。這要看吉星本身的旺度，與同宮的天空星的旺度而定吉度有多少。

天空星五行屬火，自然是在火位、火宮而居旺。天空星是陰火，自然以午宮而最旺，另外在寅、午、戌、巳等宮也是旺位。天空星在申、子、辰、亥宮為陷位。在酉宮、丑宮、卯宮、未等宮為居平。

天空星和煞星同宮時，逢煞卻未必不惡

例如擎羊、火星、天空在未宮同宮時，擎羊是屬火金的星，在未宮居廟，火星和天空居平。因此此宮是以擎羊為強勢。此三星同宮時，代表強悍、火爆、頭腦空空。擎羊是陰險多謀的星，此時仍

然陰險多計謀，但性情衝動，動作快，想得多，所想的方式，都是損人不利己的，最後的結果也是只有耗損較多，白忙一場，沒有實質利益的。自然有此三星同宮時，會有車禍，傷災，包括金屬、石頭、刀傷、鐵棒、開刀等的傷災，是突發事件。在大運、流年、流月三重逢合的時間點上，自然生命也會因傷死亡終了。是故天空星逢煞，也是會不吉有災，亦容易有死亡事故的。『擎羊、火星、天空』還有一個解釋，就是爭鬥多、火爆，是突發的爭鬥，爭鬥時很熱鬧、激烈，但爭鬥停止時，便什麼也沒有留下，很安靜，連一點利益也沒有了。

我們在看天空星時，會有一個大致的法則：

當宮位中只有一個天空星出現時，若和吉星居旺同宮，表示問

天空、地劫

題不嚴重，這是頭腦空空，思想不周詳，或是在觀念思想上不切實際，或是用心、用腦不多，根本不關心這方面的事，而形成的使吉事漏失。但只要你多用心在這方面，就能改善。例如紫微居廟和天空同宮，表示趨吉避凶、主貴的力量、平復災厄的力量，因為頭腦空空或精神空虛，或關注力量不足而不太顯現、看不出來。但是只要用心去做、去關注，也能趨吉避凶，也能升官主貴，或也能平復不順。又例如太陰居旺和天空同宮在酉宮時，表示還是有錢、有薪水可拿，也能存錢、儲蓄，但不用心，不努力時，錢財會少及耗損，只要用心注意此事，便能存到錢，也能擁有薪水和存款了。

但是天空和化祿、祿存同宮時，不論諸星的旺弱，皆是『祿逢沖破』和『財祿逢空』，是沒有什麼財的，會窮或耗損多，沒留下什麼錢財。

第三節　天空星組合形式

天空星的組合形式

當

天空星和財星同宮，就是『財空』。

天空星和運星同宮，就是『運空』。

天空星和官星同宮，就是『官空』。

天空星和福星同宮，就是『福空』。

天空星和印星同宮，就是『印空』。

天空、地劫

▼天空、地劫

天空星和蔭星同宮，就是『蔭空』。
天空星和殺星同宮，就是『殺空』。
天空星和耗星同宮，就是『耗空』。
天空星和刑星同宮，就是『刑空』。
天空星和暗星同宮，就是『暗空』。
天空星和囚星同宮，就是『囚空』。
天空星和輔星同宮，就是『輔空』。

『財空』的形式

『財空』的形式有很多種。例如財星和天空同宮或相照，以同宮為最『真切』的財空，相照反而沒有那麼嚴重。因為同宮時是『自己空』，相照時是『外面空』、『周圍環境空』。

財空的種類有：『武曲、天空』、『天府、天空』、『太陰、天空』、『化祿、天空』、『祿存、天空』。只要宮位中有這些組合的星曜出現，便是『財空』。這是『刑財』的格局，『財祿逢空』也會頭腦空空。（請參考法雲居士所著『如何審命、改命』，書中有詳細的解說及改命方法）

『武曲、天空』：武曲是正財星，和天空同宮時，財就不見了。有時候是看得到、摸不到、拿不到。有這種形式在命格中的人，常對財運有特殊的看法，會有好的構想與靈感，例如猜賭、猜數字都很靈，告訴別人去簽樂透，別人簽得中，但自己去簽，簽不中。有好的投資概念，出主意讓別人去做，都賺到錢，自己去投資，卻錢財拿不回來，自已做生意也賺不到錢。借錢給別人，常要不回來，只有散財、耗財的份。對於錢財，是看得到，吃不到，拿不到手的

天空、地劫

狀況。

『天府、天空』：天府是財庫星，和天空同宮時，財庫是空的。財庫只是虛有其表，而其中並無財祿。有此種形式在命格中的人，會表示性格清高，似乎富裕，但實際因無財而性格小氣，說話做事都會閃躲，不實在，容易說大話，十分虛假，這主要是『財空』的關係。並且其人也無錢可存，或存不住錢，但又想存錢，內心矛盾，常有藉口來掩飾自己的無能。更坐實了財祿逢空、頭腦空空的意境。

『太陰、天空』：太陰是儲蓄的財，也是田宅主，或一月一次發放的財，代表薪水、房租的財。因此有『太陰、天空』時，會工作不穩定、薪水常斷斷續續拿不到，沒有銀行存款，沒有房地產，或房租常收不到，房地產留不住。太陰也代表女性、陰性、桃花。有

天空、地劫

此『太陰、天空』時，沒有女性朋友，或與女性不和，無法親密，有距離感，也會與雌性動物、植物沒緣份、彼此看不對眼、相互討厭，或養不活。更容易缺乏桃花、及晚婚、不婚，沒有異性緣。太陰亦代表感情，有此格局時，代表感情虛空，虛假，沒有感情、情薄，或對人冷淡、僵硬，沒有溫情，溫柔的心。

『化祿、天空』或『祿存、天空』：都是『祿空』及『祿逢沖破』。會缺少財祿，耗財成空，或是無人緣，無桃花。無利益，無好處。

『化祿、天空』：化祿有向外擴展、發展的意思。有天空時，便停滯、呆板、不會向外發展了。因此人緣桃花不好了，頭腦也空空了。

『祿存、天空』：祿存有保守、小氣、固執己見的意思。有天空同宮時，便不保守，也略不小氣了，也不固執了，反而會沒主見了，頭腦空空，也連一丁點的財都沒有了。

（祿存是小氣財神，故祿存的財是小財，足夠穿衣、吃飯、活命而已的財。也是小氣的財。）

『運空』的形式

『運空』的形式，主要是運星和天空同宮或相照，以同宮最凶。種類有『天機和天空』同宮，及『貪狼、天空』同宮兩種。『運空』是運氣逢空，使人無法掌握機會，機會也不會出現。會影響人的發展，影響考試、升遷、婚姻、桃花、智慧，會浪費時間，浪費人生資源，會停滯不前或帶來災禍不吉。也會沒有貴人相助，或無貴人搭救，而遭災嚴重。更容易碰到突發之災禍，在災禍的時

天空、地劫

間點上，無貴人拉一把，而陷入災難的深淵。『運空』實際就是『刑運』格局，會頭腦空空，沒有運氣，或運氣很壞。（請參考法雲居士所著『如何轉運、立命』一書中第二、第三章）。

『天機、天空』：天機代表聰明、機運，是上下起伏的運氣，有天空同宮時，表示聰明沒有了，有怪怪的、另類聰明，是專把事情搞砸，或投機取巧、偷懶、貪便宜的聰明。做正事的聰明沒有了，機會也沒有了，運氣上下起伏，能翻身的機會沒有了，只是停滯、真空的狀態。有此格局在人命中，其人會看起來聰明剔透、清亮，但實際上做不成任何事，只是嘴上功夫好，說的能幹罷了。有此格局的人，在人生變化上也常停止變化，聰明不實際而無用。也常無機會，或自做聰明而失去機會，十分可惜。

『貪狼、天空』：貪狼是好運星，桃花星、貪星、權星。有貪

天空、地劫

狼、天空同宮時，好運沒有了，或自做聰明讓好運失去了。桃花會少了、沒有了，或根本不知道桃花的存在。也不會運用桃花了。有貪狼在命格中的人，都很貪心，好貪美麗、漂亮、高級、高尚，又愛爭強鬥狠、愛掌權，要自己掌握主控力。但有天空同宮時，好貪的心少了，沒有了。也不會爭強鬥狠了，更無法掌權，及掌握好運，想貪也貪不到，所以乾脆放棄。貪狼是橫向快速運動及橫向運氣變動的星，有天空同宮時，便橫向運動不動了，故也不喜往外跑、或往外發展了，自然好運少很多了。因此有此類『運空』在命格中的人，也會比較正派、異性緣少了，邪淫之事也不會發生了。在男女關係、賭性、貪報方面反而能扶正，算是趨吉的特性。

天空、地劫

『官空』的形式

『官空』的形式，就是官星和天空同宮或相照，以同宮最凶。

『官空』的種類有：『紫微、天空』、『廉貞、天空』、『太陽、天空』、『天梁、天空』，只要宮位中有這些組合的星曜出現，便是『官空』。這是『刑官』的格局。會『官祿逢空』，亦會頭腦空空。

紫微、天空：紫微是帝座，是高高在上、主貴、有地位、尊貴、制厄呈祥，能趨吉避凶的星曜，但有天空時，表示帝王是架空的趨勢，也表示主貴的力量不實際，看起來高貴，但沒有實權，或只是表面漂亮而無內容。並且制厄呈祥的力量逢空。官星主要是在事業上的力量強，遇天空時，代表為有名無實的職位雖高，但做不長，或只是擺著好看，而無實權。是高貴但不實在的地位，也是居

天空、地劫

高位而無用的人。若在遷移宮，是表面生活的不錯，但實際是乏善可陳的，很無聊的。亦代表趨吉撫平的力量成空，運氣會缺少一點。

太陽、天空：太陽是官星，是事業之星，有天空同宮時，事業不實在，容易斷斷續續或成空，也容易做不實在的工作，或沒有工作。太陽代表男性，女子有『太陽、天空』在命、財、官、夫、遷、福等宮，易沒有男性緣，易不婚或晚婚。也易周圍缺少男性朋友或家人。太陽又代表陽性、雄性，有『太陽、天空』在命格中的人，會缺少陽性事物，會與陰性較接近，人生較陰暗，也容易不正派。但要看太陽的旺弱來定缺陽的程度有多少，太陽居陷的人缺陽較嚴重。有這種缺陽現象的人，容易陰的事情多，人較陰險，常頭腦空空，偶然用一下聰明，都是較陰暗面的小陰小險，自然人生的順利度也會不夠的。太陽、天空的『官空』，又代表秉公處理事物的觀念和能力空空，是故其人會有時候假公濟私，還以為是正常現象。也有時候會正事不做，做一些無聊的事，或是做一些不公平和不公正之事，這是因為腦袋空空，完全沒有想到所犯下的錯誤。

廉貞、天空：廉貞是官星，是智慧、企劃、計謀方面的星曜。有天空同宮時，便是思想不實際，頭腦空空，智慧不足，或有另類好高騖遠的想法，在計謀上也會缺乏，企劃不完美，做了不能用、不實際。自然在工作上是力不從心的，也收獲不多的。此格局在命宮時，就會意想天開，非常天真，凡事想得美，不實際，然後問題多多。也容易工作不長久，有斷斷續續的現象。或是一生中總有失敗的記錄。

廉貞也是桃花星，有天空同宮時，桃花就少了，異性緣少了，也容易人緣缺少了。例如在寅、申宮時，對宮又有地劫相照，更是思想與常人不一樣。廉貞坐命的人，都喜運用人際關係或桃花來賺取利益，但有天空或地劫在命宮中時，是想利用人緣桃花來做關係，但思路異於常人，方法不好，關係也做不成。

廉貞是囚星，是暗耗，是私下、暗中做文章、做手腳。有天空同宮時，其人在私下、暗中所做的手腳都會做不成，做成空，會暴露出來，結果很難看。這也是頭腦空空，思慮不夠周詳之故。

天梁、天空：天梁做官星時，主名聲、主智謀、機智。主為軍師的能力，主為官聲。當有『天梁、天空』在命格中時，表示會名聲成空，不能成名，智謀不足，機智不夠好，做軍師的能力沒有，官聲不響，及傳不出去。由其在文職工作上會不順利，或辛苦無所得。在職位上，升官不易，常易落空。天梁是貴人星，有天空同宮時，表示無貴人及長輩運，亦無長官提攜，故升官不易。有時，也會工作賣力，有升官之傳言，但最後功虧一潰，升官的不是你。故是『刑官』的格局。

『蔭空』的形式

天梁、天空也是『刑蔭』的格局：此是『蔭空』，表示沒有蔭庇的運氣。此格局在父母宮時尤凶，會父母之一早亡，而無蔭庇。亦代表父母對你的照顧不是你所想要的。未來在工作上也無上司、長輩提拔。或是有上司、長輩想提拔，但上司、長輩不得力，心有餘而力不足而失敗。

天梁亦屬於女性桃花緣份，有天空同宮時，會缺乏女性的幫助和緣份，桃花成空。更容易和比你年長或年輕的女性緣薄。

天空、地劫

天梁也代表上天神明的照顧及蔭庇保佑，有天空同宮時，表示你信宗教不虔誠或不信宗教，對宗教有意見，故而天上的神明對你的照顧及保佑會成空，求神無用，也會在很多關鍵時刻，功虧一潰。

『福空』的形式

『福空』的形式有兩種：一是『天同、天空』，二是『天相、天空』。

天同、天空：天同是福星，是懶惰的福星，是代表年幼、天真無邪的星。有天空同宮時，表示『福空』，能享受、享福的事，包括吃穿、玩樂之事都成空。會吃不到、不想吃、不想玩，或玩不到，會頭腦空空的窮忙。也代表頭腦不實際，不知道什麼是對自己好的。更代表與天真無邪的人、或年幼的人無緣。或是自己太幼稚了，連小孩都瞧不起你。還代表能使一切平和的力量成空。因此你是沒有能力去領導別人，或處理、打理事情的能力不足。也容易受欺侮、多是非、不順。

天相、天空：天相是勤勞的福星，會理財，會做事情，會把一切搞平順，天生有福氣，尤其有吃、穿方面享福的福氣。但有天空同宮時，其人腦子笨，或有怪異想法，自找麻煩，無福，不勤勞，也不會理財了，做事情的能幹也沒了，更無法使自己周遭平順，天生無福。在吃、穿方面更無好運和享受不到，其人也容易邋里邋遢，或不在乎穿著及吃食的內容。有此格局在命、財、官、夫、遷、福等宮時，其人容易勞碌而無所獲，專做一些不實際和不易成功之事。也容易遇到不好的環境和人，多是非、破耗。此時天空會和天相對宮的破軍連成一氣，破耗成空。

『印空』的形式

天相、天空是『印空』的時候：天相亦是『印星』，主掌權管事。但有天空時，為『印空』，是『刑印』的格局。此時會掌握不到權力，會被架空。亦會懦弱無為，運氣很不好，亦容易受欺負。大運在『印空』的格局，流年又逢『廉貪陀』運時，女子要小心受強暴，男子也要小心受淫色事件侵害權力，有理說不清。

『殺空』的形式

『殺空』的形式，就是七殺和天空同宮的形式。七殺是煞星，和天空同宮時，是雙煞。並不會使七殺消失。反而是忙碌而無結

天空、地劫

果。七殺是打拚、奔忙、戰鬥、埋頭苦幹之星，有天空時，會意想天開，工作不賣力了。打拚能力不足，或專忙些不實際的事情，正事不管，而使成就缺失。也會忙了半天是一場空。『殺空』在命格中容易做出家人，即是一例。說忙不忙，專忙些對自己人生成就無益、六根清靜之事。有殺空在命格中，無出家時，也會為無賴，對人類無益處，專幹邪佞，侵犯別人之事。亦容易早夭、不善終。在寅、申宮殺空入命，再有紫府、地劫相照時，頭腦不實際，身體也不好，為一生無用之人，做不了什麼事。

『耗空』的形式

『耗空』，就是指破軍耗星和天空同宮的形式，二星皆屬煞星，自然是破耗成空了。命格中有這種『耗空』形式及格局的人，

天空、地劫

一生一定有大起大落的人生格局和歷程。倘若此格局在父、疾二宮，會短命。若在命、遷二宮，會入宗教或短壽。

『耗空』就是耗盡生命之財。此種格局在命格中，不但會亂花錢，沒有理財能力。自己本身的身體也不好，容易多傷災、病痛，也易有意外之災，不善終。此命格的人，也容易入空門為僧道，或可延年。

『刑空』的形式

『刑空』，就是刑星與天空同宮的形式。例如『擎羊、天空』、『陀羅、天空』、『火星、天空』、『鈴星、天空』等四種形式。

擎羊、天空：擎羊就是刑剋、爭鬥、煩惱、多慮。有天空星同宮時，看在那一宮，再看擎羊的旺弱，為刑剋的嚴不嚴重，再看天空的旺弱，看刑的空不空。擎羊居廟時，是強勢的爭鬥（自己較強勢），擎羊居陷時，是較懦弱陰險的爭鬥，自己審時度勢會屈服。天空居旺時，有時還不全空，還能得到一點，不完全損失或空無。天空居陷時，全部損失很吃虧。例如擎羊、天空在子宮或卯宮，擎羊居陷，天空也在平位或陷位，爭鬥凶，吃虧很嚴重。行運逢此運，有遭殺害致死的可能。這是只有擎羊、天空二星同宮在子宮或卯宮時，實際為空宮形態時的狀況。倘若子宮、卯宮有別的星同宮時，又有別的解釋了。

例如：

武曲化忌、天府、擎羊、天空在子宮：這是車禍或開刀易致死的運氣。在錢財方面，是錢財的爭鬥多，錢財的是非多，是看起來有錢，實際根本爭不到錢財，而且會反惹糾紛或殺身之禍的財運。

太陽化忌、天梁、擎羊、天空在卯宮：這是事業不順，在事業上遭受災難，或被盛名之累或照顧不好而遭災，亦有自殺、或遭殺害之命格、及運氣。

貪狼、擎羊、火星、天空、左輔化科在子宮：這是有帶血光、傷災的暴發運，而遭災嚴重，可能會死亡。並且是有其他的事情所幫助造成的。故而在子年易遇車禍、傷災、死亡，而得賠償。這件車禍、傷災是由連帶關係所造成的。也可能是臨時別人叫你來，而造成的。因此要精算發生時間，以避禍。暴發運以不發為妙。

『**陀羅、天空**』：陀羅是笨及原地打轉（如陀螺一般），內心多煩憂，有話不說，暗藏奸詐詭異，心中多是非，或暗自以為多計謀，先不表明出來。或拖拖拉拉、不負責任。再遇天空時，就是因

天空、地劫

為笨而凡事成空，或因拖拖拉拉，而事情泡湯，或因想得多，一直沒出手，或沒動手去做，而失去機會，或因該用腦的、該想的不想，不該想的、壞的、邪惡的、貪便宜、懶惰、偷機取巧的想法想了一大堆，結果好事都沒發生，壞事倒是來了一堆，是偷機不著蝕把米的結果。

例如：

七殺、陀羅、天空在申宮時的狀況：七殺居廟、陀羅居陷，天空也居陷，表示表面每日很忙碌，其實根本不忙，或心忙，身體不忙。此格局如果在命宮，此人看起來很笨，每天不知在想什麼，想得很多，但都不切實際。因對宮有紫府、地劫相照，環境看起來很好，但他也不會利用，也享受不到，因此每天瞎忙而無成果，盡想一些不實際或沒有意義、或自己做不到的事情，一生也是東做做、

天空、地劫

西做做，半途而廢，耗財而沒有成就，沒有出息。他每天心中可煩的很，不煩的時候，更懶的動了。行運逢到此格局時，會有車禍、手足傷災，或開刀，而運氣很差。大運、流年、流月三重逢合，會有性命之憂。

『火星、天空』：火星也代表爭鬥、衝動、古怪、突發的災禍、事故。有天空星同宮時，會因突發的事件而遭災，或失去利益。當爭鬥停止時，什麼也沒有了。亦會遭火災燒光或是車禍，還帶有火燒車的狀況。有些論命者以『火逢空而發』，認為『火星、天空』同宮時會暴發、有暴發運。『火逢空而發』是八字學的觀念，我在前面已說過了，紫微斗數和八字學是不同的，紫微斗數是經過改良，再創造的新式命理學，紫微斗數的設計者，雖延用了八字中的一些星曜、神煞，但實際上其星曜的內含性質已經變化而不同了。並且在斗數格局之暴發運格，如『武貪格』、『火貪格』、『鈴貪格』中，不論同宮或對宮，只要出現天空星或地劫星，或是化忌星，便不會爆發，而我也從未見有此格局曾爆發過的人，這就是斗數星曜與八字星曜神煞不同，以及論命點不同之處了。

具有『火星、天空』同宮的形態，是突然的爭鬥和衝動，或突發的災禍，很辛苦，艱困、難過、耗財。但爭鬥停止、是非、衝動停止，或災禍發生癱瘓在那裡時，便安靜、沒有動靜了，但是損失和不吉也停留在那裡，需待解決。不過倒不致於再壞下去了，或是燒光了就乾淨了結了。如果有其他的星和『火星、天空』同宮時，代表另一層意義。**例如**：

武曲、火星、天空在戌宮時，這是火剋金較嚴重的格局。如果此三星在命宮，代表其人性格剛硬、古怪，有時會清高，對錢財認

天空、地劫

識不清楚，也會賺錢少了。通常此人會有特殊專才，會做與火接近的工作，一生中暴發運不發，會做薪水族，事業有起伏，不是很順利，人生中的成就也不大。其人常會做一些不切實際，或好高騖遠，又自以為清高的工作。倘若此格局在財帛宮，就是對錢財有古怪、不實際的觀念，而賺錢少，耗財多，亦會常有突發事件而耗財成空，手邊根本留不住錢財了，財也會常不順，常不見了。

『鈴星、天空』：這也是代表爭鬥、衝動、古怪（比火星還聰明古怪一些），突發事件的災禍。有天空星同宮時，會因突發災禍而耗損成空，或是遭火災、燙傷銷融、銷毀，或是車禍傷亡、成空。當代表爭鬥時，狀況古怪，會帶有鬥智及科技方面的技倆。起先鬥得很熱鬧，但會突然停止鬥爭，停止是淨空的狀態，很安靜。但什麼利益、事故、好的事、壞的事都沒有了，只有耗損錢財的事留在

天空、地劫

那裡有待處理。如遇車禍，容易身亡。當鈴星居廟時，事情古怪，但不一定太壞，有時還會偶而有好事出現。當鈴星居陷時，會是壞事，嚴重的事。如遇車禍，身體有燒燙傷的危險。此格局在暴發運裡仍是不發的。

例如：『鈴星、天空』在丑宮為財帛宮，鈴星是居廟的，表示常有意外賺錢的機會，但也常常突然機會沒有了。賺錢的型式是有一票沒一票的，是不長久，或不連續的，是故適合做按件計酬的工作。韓國演員宋慧喬有此財帛宮在丑宮，她是壬戌年生的人，福德宮有武曲化忌、貪狼，暴發運不發，演戲的工作本來就是按部計酬。她本身也會喜歡理財，但未必善於理財。會有別人幫忙理財，問題還不大，只是人生成就只在一個略具規模的中等格局之中。丑、未年都會錢財不順。尤其是丑年，看起來機會很多，但常突然終止了。是不明原因的意外失去機會。

天空、地劫

『暗空』的形式

『暗空』的格局，就是巨門和天空同宮的形式。巨門為暗星，為隔角煞，多是非、爭執、爭鬥、災禍，有天空星同宮時，也是有爭執、爭鬥就很熱鬧，但常會突然停止。停止時便靜悄悄的，什麼也沒有了。好像是非、爭鬥沒有了，財祿、機會、運氣也沒有了。此種現象以巨門居旺時最明顯，因為巨門居旺時，是非爭鬥愛用嘴吵架，吵得凶和大聲，因此很熱鬧，但突然停止時又很安靜，結果是很沒趣的，因為也沒好處及利益了。

有一位律師的官祿宮是巨門化祿居陷、擎羊、火星、天空在戌宮，工作就是替人打官司爭鬥來得財賺錢，每當吵得凶時，生意多又忙。每次一安靜時，便沒有案件，沒生意了。時常是同時來好幾件案件要處理，若是突然停止時，便好久沒生意。他非常苦惱，忙的時候喘不過氣來，想休息。但閒的時候，閒了大半年，心裡也直發慌。但是他的工作型態就是這樣的，而且命裡財少，自然賺不到太多的錢。因此最好瞭解自己的命格，去做公職，做司法官，拿薪水，不要自己開業，才不會有悶的發慌的時候，也才不會有財窮的時候。

『暗空』的形式還會愈爭愈空，愈吵愈空，吵了半天，白吵了，白爭了。如果在命宮出現，亦會頭腦空空，廢話講得多，不實際的思想多，沒有用的煩惱多，有時也會突然清醒，又不煩惱了。有此格局在命格中的人，更容易遭災禍成空，容易有天災人禍，事情發生以後，耗損造成了，才安靜平復下去。

『囚空』的形式

『囚空』就是廉貞和天空同宮的形式，因廉貞是囚星之故。命格中有此格局的人，表示關在腦子裡的聰明、智慧、計謀及企劃能力皆是空空的，此人常天真，意想天開，有不實際而自以為是的思想。做事多起伏成敗，人生不安定，也容易自困，做困獸之鬥，但鬥完了，也什麼都得不到。做事時易做一些表面的，自以為好或有效的事，實際是不合常理，不合情理的事。沒有結果、半途而廢，是常有的事。也造成其人生的起伏很大。有『囚空』形式在命格中的人，桃花也少，人緣交際也是表面功夫的形式，對人不夠真誠，因此也得不到好處，如果是做生意的人，就會機運不佳，賺不到錢了，這是頑固又腦袋空空的格局形式。倘若請這種官祿宮有『暗空』形式的律師來幫忙打官司，是常打不贏的，勝訴的機會很少，通常都是和解了事。因為格局就是愈吵愈空，吵了白吵。『和解』就是最好的結果了。

『輔空』的形式

『輔空』就是左輔或右弼和天空同宮的形式，也就是輔助力量成空的形式。這是屬於一種平輩的、兄弟或朋友、同事之間的輔助力量有缺失。其狀況是周圍看起來有兄弟，或有朋友，亦與同事和睦，但在重要的時刻，這些人全沒幫助。有時候是這些人的能力沒你好，有時候是這些人太自私，或誠心不足，要看和『輔空』格局同宮的還有那些主星，就知道是因為什麼原因，這些人不拿出『幫助』來了。

例如：紫微、破軍、左輔、右弼、天空在未宮時，若在命宮，

天空、地劫

表示性格強悍、剛直、反覆不定，有些古怪，有時自命高尚，有時又豪放不羈，周圍有一些兄弟或朋友，有些是幫你好的，有些是幫你壞的，幫你破耗的，你也時常會腦袋空空，拿不定主意。表面看起來你會有許多朋友，但真正能幫助你的沒什麼人。還會有一些表面看來是幫助你的，但實際會造成你更大破耗的人。例如你正缺錢，旁邊突然有朋友好心幫你調錢，你很感激，但必須付出比旁人更高的利息或介紹費。因此這種輔助實際上是不好的輔助，使你更空。

紫微命理學苑
法雲居士 親自教授

第四節　天空星的特殊格局

和天空星有關，稱的上有名號的命理格局有三種：一是『萬里無雲』格。二是『命裡逢空』格。三是『半空折翅』格局。

1.『萬里無雲』格

『萬里無雲』格，是一種吉格。專指命坐酉宮、天空獨坐命宮，對宮（卯宮）有太陽、天梁雙星居廟相照的命格。命坐其他宮位的都不是，如有其他星曜同宮，如擎羊、祿存、火鈴、左右、昌曲等星同入命宮的，也都不算是『萬里無雲』格。

『萬里無雲』格是一種貴格。其人會本性清高，沒有邪念，清

天空、地劫

正不阿。因為本身命格是天空，相照命宮的是居廟的太陽和天梁，表示外在環境好，有極強的貴人運，會有蔭庇，受到優良的照顧，一生一定會做大事業，和名揚四海。而且陽梁有博愛、崇高的精神，其人幼年就不會受到限制，周遭環境中男人、女人都對他好，願意對他付出關愛、照顧。此人本身也會思想清徹、頭腦一流聰明，很會唸書，一生會做大事業，心懷遠大目標，也會心懷博愛，很正派，沒有邪念，有清高的思想，不重錢財，對錢財沒概念，因為別人都會照顧他，因此從不會為錢財煩惱。內心與腦子中的思想是高出於一般人的，帶有幻想、理想世界型態的。

目前所知道的，有這種『萬里無雲』格的人，只有　國父孫中山先生一人而已。我們可以檢視　國父的一生，你會發覺：　國父從小環境不錯，家中富裕，有『陽梁昌祿』格，很會讀書，具有博士學位，知識能力高，又具有理想國的理想。故可以創造出『三民主義』這樣的理論，這是前人所沒有的，獨步中國歷史的、政治改革的創舉。

其人膽子也非常的大，因為『命宮』有天空的關係，明知當時革命黨人會遭殺身之禍，還仍無怨無悔的投入革命。這是為了創造大事業，有崇高改革封建的理想，而暫時不關注自身的生命、安全了。不過，他一生中多有貴人，因此倫敦蒙難、以及在日本、美國的活動中所遇到之不順，都會化險為夷。別人會成為先烈，他就不會。

國父也因為遷移宮有陽梁居廟的關係，募款很容易。別人受到他無私、博愛的精神感召，聽過他演講的人，都會慷慨解囊，這又是不同於一般的人緣桃花的魅力了。

天空、地劫

不過，天空星坐命時，也有其弱點。就是一生多起伏成敗，若不是命格中有此格局， 國父也不用十次以上才革命成功了。也正因為有此格局，也才會在就任臨時大總統之後又肯放棄名位而讓賢了。另外，有天空或地劫入命的人，以及在命、財、官、遷、福的人，也都不會太長壽的，而且特別容易得癌症的，生命資源是受到打折扣的。

我曾經說過：**任何一個人物的誕生，都是因為時代（時間點）和環境（空間）的需要而產生的。**這包括了一般普通人或小市民命格的人都是一樣。

大環境混亂、不佳，再加上時間點在一種規律性的變化中有一些突暴點，就會產生周圍領袖級的人物，此外如大文豪、大善人或賊人、盜匪，也都是因為時間和空間的需要或時空交叉而產生的，也同時是時間和空間所促成的。

人命由八字而來，生辰八字就是時間坐標，由年、月、日、時所形成。八字好壞，有關於人命中財多、財少，也有關於正直、邪惡及人在正途上的努力，以及一生成就的大、小。同樣是天空坐命的人，有環境好、富裕的天空坐命的人，也有窮困，一無是處，一無成就的天空坐命者。每一個命宮有其他星曜的人也是一樣。因此，每個命格的人，都要以八字中帶財、帶官的多寡，來分出人生的貧富貴賤。這樣才能分出相同命格的人，貧富貴賤的層次高低出來。有了這些觀念之後，你才不會在研究命理時很奇怪納悶，為什麼同樣是『命裡逢空』的命格，　國父孫中山先生會有這麼好的際遇，能成為　國父，近一百年來，會用他的肖像做幣制圖像，和錢財扯上關係，這即是八字中命裡財多的關係。為什麼有些天空坐命，有『命裡逢空』格局的人，易遇災禍，或遁入空門，生命不長了。這是命裡財官不繼、多刑剋所致。

2.『命裡逢空』格

『命裡逢空』格，是命宮中有天空星同宮或相照的格式皆屬之。行運走到天空運，也可說是『命裡逢空』。

『命裡逢空』格，並不單指天空獨坐命宮的人，或天空獨坐遷移宮的人而談的。命、遷二宮有其他的主星，再有天空星入內，也皆可算作是『命裡逢空』。

在命格中有『命裡逢空』格局的人，或行運至『命裡逢空』運限（包括大運、流年、流月）的人，都會起起伏伏，有坎坷不順。其人的思緒也會天馬行空，好高騖遠，太天真，太不實際，幻想多，理想太遙遠，不重實際狀況，又沒考慮現實問題，也不注意眼前的、或周遭的危險陷阱，思慮不周詳，因此容易遭災。有天空在命格中的人，多半沒有金錢和數字觀念，做事少心眼，馬馬虎虎，頭腦少根筋，大而化之，固執沈緬於自己所營造的虛幻境界，不願意睜開眼睛看看真實的事件與境界，因此容易遭災、受騙。其人常常是面容和眼睛迷迷濛濛的，好像活在另一個世界的人。當你走在天空運時，你也會頭腦空蕩蕩，眼睛迷濛，無法看清事實真相。容易拿不定主意。

有『命裡逢空』格局的人，在人生歷程中經常是好好壞壞，一腳踏實，一腳踏空。倒不一定極短命，要看八字的組合，財多、財少，才能定出生命的長短。也會因為漠視錢財，看不到自己周遭的錢財，而比別人賺得少一些。你在先天上會有一些缺失，影響到你命中可享受到的財。因此在八字上也會看到有一些刑剋的現象出來。

不過，當命宮中還有其他的主星為吉星居旺時，再有『命裡逢空』現象時，若命宮不在巳、亥、寅、申宮的人，人生中的問題還不大。也不用太擔心、害怕，只要在限運中小心一點、多用心、努力的過生活，還是會平順的。

命宮在巳、亥宮，再有地劫同宮，或是命宮在寅、申宮，有地劫在對宮（遷移宮）相照命格的人，命格會有另一種解釋，人生現象也不一樣。這在後面章節中會談到。

3.『半空折翅』格

『半空折翅』格，是專指命格、命盤上有天空、地劫在巳、亥

天空、地劫

宮，又被『羊陀所夾』之命理格局，會在丙年生、戊年生、以及壬年生的人，又生在子時或午時的人所會遇到的命格。

例如丙年、午時生：巳宮有天空、地劫的人，巳宮會被羊陀所夾，稱之。更尤以巳宮有『廉貞化忌、貪狼、祿存、地劫、天空』同宮，或是『祿存、地劫、天空』同宮，對宮有『廉貞化忌、貪狼相照』的命格最凶，在巳、亥年會遭災，在巳年容易因強暴事件致死或遭歹人殺死。以前有個演員湛容，就是因此格局而遭侵入住宅的小偷臨時起意，遭強暴殺死。時年二十三歲。

丙年、子時生：在亥宮有天空、地劫的人，有相照的『羊陀夾忌』，也要小心。也算是相照的『羊空折翅』的格局，也容易早夭，不善終。

戊年生、生於午時：在巳宮有天空、地劫，巳宮也被羊陀所

天空、地劫

夾，亦為『半空折翅』格。尤以巳宮有天機化忌、祿存，天空，地劫同宮，有『羊陀夾忌、夾空劫』，行運三重逢合（大運、流年、流月，年、月、日、時，皆逢到一點上），則有意外身亡、或遭宵小劫殺身亡之災。

戊年生、生於子時：在亥宮有天空、地劫，巳宮為羊陀所夾的人，在巳、亥年也要小心災禍。尤以巳、亥宮有天機化忌的人為凶，也會形成相照的『羊陀夾忌、夾劫空』，亦容易遭災損命。

壬年生、生在子時：在亥宮有地劫、天空、祿存，亥宮又為羊陀所夾的人，亦為『半空折翅』之格局。尤以亥宮再有武曲化忌、破軍入宮的人，會形成『羊陀夾忌，夾劫空』，行運巳、亥年，會有車禍傷災，或兵災、刀劍、武器、石頭、恐怖組織爆炸事件、飛機失事，傷及性命，年輕時就會夭亡。

天空、地劫

壬年生，生在午時：在巳宮有天空、地劫，有對照的羊陀相夾，也要注意人命的安危。尤以有武曲化忌、破軍在亥宮，有相照空劫的『羊陀夾忌』之惡格，也會在巳、亥年性命不保，也會有前述的傷災，遭災損命，不善終。

以上這幾個命格都是『半空折翅』最嚴重的命格，而且這些刑局不一定要在命宮才會發生，只要在命盤中出現，都要小心遭禍及性命問題。

天空、地劫

紫微推銷術

本書為法雲居士因應工商業之需要，特將紫微命理中有關推廣商機的智慧掌握和時間吉凶上的智慧掌握以及結合人類個性上的變化，形成一種能掌握天時、地利、人和的特殊智慧。可使商機不斷，凡事可成。

目前工商企業界的人士，大多懂一些命理知識，也都瞭解時間吉凶上的把握，但是對於此種三合一的智慧中某些關鍵要點上仍然無法突破。

「紫微推銷術」就是這麼一本在什麼時間，在什麼地點，遇到什麼人，如何因應？如何使生意做成？如何展開成功的推銷商品？可使買方滿意，賣方歡喜的一種成功的致勝方法和秘訣。

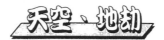

第二章　地劫星的善惡吉凶

第一節　地劫星的善惡吉凶

地劫星五行屬火，是陽火、丙火。為上天空亡、劫殺、虛耗之神。亦是時系星，以時辰來安之。

地劫星是壞的思想劫入，好的劫出，而將其人命中的財劫走、劫出。有地劫在命格中的人，物質面會消耗得多。

地劫入命宮時，會固執，喜怒無常，性格不穩定，有時會不合

天空、地劫

群，容易多是非，會因外來的影響而破財、損耗。其人適合做與哲學、科學、玄學或用幻想、多變動、標新立異的行業。地劫單星坐命的人，這些現象會比較嚴重。如果地劫和具有桃花的星曜同宮入命時，或與帶桃花的星曜相照，會使桃花較少，而扶正了，人會稍正派，不淫亂了。

地劫星代表壞的思想劫入，好的東西被劫出。例如命宮有地劫星出現，其人容易道聽塗說，在馬路上走過，或偶而在公眾場所聽到一句話，如某一支股票會飆漲、行情看好，他就會深記在心，趕忙去買，可是後來並沒賺到錢，或甚至賠錢。家人問他為何如此，他也吱吱唔唔答不出來，這種道聽塗說現象的人，尤以命宮中有主星再加一個地劫同宮時最準。如果是地劫單星坐命的人，要看對宮有何星相照而定人之聰明、愚魯。通常這種地劫單星坐命的人，會

天空、地劫

心情起伏很大，注重自我，不太管別人，會自困，自己煩惱，有時也自己孤獨，不想理人，尤其對宮相照的星是運動速度快的星，如貪狼、天機、太陽、太陰、或機陰、陽巨等星時，其人會在人緣關係上保守、古怪、劃地自限，自然在得財機會上少很多。這些人也易接近宗教、或成為虔誠之教徒，或成為宗教之工作者，信教很虔誠。

有地劫入命宮的人，不論是單星坐命，或有主星同宮坐命的人，都有特殊、不同於常人的聰明。有時你根本弄不清他是那方面的聰明。有時候是邏輯上特別有天份，有時候是在科學方面特別敏感，出眾超脫，有的是在數學上特別敏銳，能理解或創造出新的、高等的數學公式，像外國電影『美麗境界、心靈捕手』中的主角是天才型的數學家，高中上了一年就挫學了，但是天賦異稟，能解開

天空、地劫

專業科學家的數學謎題，讓專業科學家都自嘆弗如。但其人性情孤僻、古怪、衝動，並不能真正看到自己的長處，心靈有創傷，最後遇到亦師亦友的輔導老師，才找到自己人生的道路來發揮所長，這就是地劫坐命的人典型的例子。他們極需心靈導師的帶領才能跨出人生的桎梏藩籬。

地劫坐命的人（由以單星為準），也能在文學、藝術上有所發揮，具有特殊的靈感，也能在文學、藝術上出類拔萃。

地劫星單星入人命時，多面色青黃，天庭不飽滿，地閣不足，下巴短，額寬或短。常為『申』字臉，單星獨坐為枯瘦或矮胖，要看對宮相照的星曜來看，即知胖瘦。其人容易喜怒無常，做事疏狂，有灰色思想，容易凡事朝壞的一方面想，容易有放棄、消極的念頭。命書上說他們是性格頑劣、不行正道、喜行邪僻、一生飄泊勞碌，這是不一定的。一定要看對宮相照的主星是什麼星而定其人性情、性格的好壞。因為他們是空宮坐命的人，非常會受環境的影響。環境好的人，其人也能正派，不逾矩。例如對宮是紫貪相照的人，會桃花少，性格保守，好運機會少，為人正派，為做薪水族、公務員的人。環境不佳的人，則不行正道，喜行邪僻、勞碌飄泊、窮困了。也會孤僻、不合群、是非多。

第二節　地劫的特性

地劫在人的命宮或各宮位，主要是劫財，會使人性格清高，不同於凡俗。每個人命盤上都有地劫、天空兩顆星，這兩顆星要看在那一宮位出現，就知道在你的人生中被劫的是什麼，被空的是什麼了。也會知道在你的人生中那些是你沒注意到的事情，那些是你固執要放棄的事情了。

例如：倘若地劫在財帛宮，身宮又在財帛宮，那些人是天生愛賺錢，但是又會想出奇招，不用正途的想法來想賺錢的事，常東聽西聽賺錢的方法，又東想西想賺錢的方法，又會東試西試賺錢方法，最後沒一種能成功，反而消耗了很多時間、精力，甚至又耗費了更多的錢財，而所得不多，或根本得不到而非常痛苦。如果有固定的職業或薪水，痛苦指數會低一點。

地劫在宮位中，倘若還有其他主星同宮時，以主星的意義為主，只是會容易受人影響而遭劫財。若用腦多注意改善行為，不要東想西想，少聽謠言，對旁邊的影響視而不見，也能減少劫財和更

天空、地劫

正『地劫』之災。

若是在巳、亥宮，有地劫、天空同宮的狀況，是既空又遭劫，什麼都不留存，狀況較慘，又是另一種意義，在後面章節會講到。

天空、地劫

地劫、天空都是經過人腦子中思想的變化，而產生人行為上的偏差，而使人在命運過程中失去一些東西，或坎坷、起伏不順利的原因，只要找出這些原因，便能改善。但人往往受制於天生的聰明、才智及環境優劣的影響，不一定能改善。例如：空、劫二星在寅、申宮相對照時，其人較難改善。空、劫二星在巳、亥宮同宮時，更根本不會改善，全都逢空了，無從改善。空、劫在其他宮位時還能有機會改善。

天空、地劫

第三節　地劫星的組合形式

地劫星的組合形式

當

地劫星和財星同宮時，就是『劫財』。

地劫星和運星同宮時，就是『劫運』。

地劫星和官星同宮時，就是『劫官』。

地劫星和福星同宮時，就是『劫福』。

地劫星和印星同宮時，就是『劫印』。

地劫星和蔭星同宮時，就是『劫蔭』。

地劫星和殺星同宮時，就是『劫殺』。
地劫星和耗星同宮時，就是『劫耗』。
地劫星和刑星同宮時，就是『劫刑』。
地劫星和暗星同宮時，就是『劫暗』。
地劫星和囚星同宮時，就是『劫囚』。
地劫星和輔星同宮時，就是『劫輔』。

『劫財』的形式

『劫財』的形式有很多種，例如財星和地劫同宮和相照，都是『劫財』，但以同宮的形式為最真切，劫得凶。同宮是確確實實的劫財劫走了。相照時，是外界環境中被劫財，若自己本宮有財，還

天空、地劫

不會全被劫完。另外也要看財星的旺弱來定劫財的嚴重性，『財星居旺，又只有一個地劫同宮』的形式，財不會完全劫空，常是一時想不到，腦袋空空賺不到錢或耗財多一點，但還有財。若在寅、申宮有財星和地劫同宮，對宮有另一個天空星相照，表示腦袋空空的更嚴重一些了，劫財的狀況十分明顯了，可能已嚴重缺乏財了。但還能挽救，只要有人指點他回頭，或止住他的流失耗財，有人管住他，控制他，主導他，也能守住，不被劫財劫的那麼凶。倘若財星和地劫、天空同在巳、亥宮一起出現時，根本無財，賺也賺不到，沒有來源，也消耗空，是一種完全真空，空洞的形式。

劫財的種類有：『武曲、地劫』、『天府、地劫』、『太陰、地劫』、『化祿、地劫』、『祿存、地劫』。只要宮位中有這些組合的星曜出現，便是『劫財』、『刑財』、『財祿逢劫』，會頭腦

天空、地劫

空空，有奇怪的思想，自做聰明，易道聽塗說，性格反覆、耗財，或根本不願以正途取財而遭災。

武曲、地劫：武曲是正財星，和地劫同宮時，財會遭劫走，容易投資失敗，或別人借錢不還。也容易忘掉自己向人所借之錢財，或自己出怪主意來生財，投機不著蝕把米，很慘。有此種劫財格局的人，暴發運不發，對錢財有靈感，簽樂透很喜歡猜數字，但都猜不中，天生有離財較遠的狀況。

武曲、地劫的劫財，和『因財被劫』的格局有所不同。『因財被劫』是有殺星、耗星來劫財，稱之。是別人來劫財，或別人以武力來劫財。而武曲居旺、地劫的劫財，是自己腦袋中的主意不好，自己劫自己的財。

有『武殺、地劫』或『武破、地劫、天空』的格局時，通常是裡外都劫財，別人也劫你財，你也自己劫自己的財，因此命格中有這些格局時，會做僧道之人。

天空、地劫

武曲、貪狼、地劫同宮，是既劫財，又劫運的格局。這是因為外來的影響所造成的劫財和劫運，『武貪格』的暴發運不發，你也會因為別人的關係，財運稍少了一點，但只要你堅定意志不受別人影響，或事先有準備和規劃，一樣能得到較多的財運。並且因為武貪二星皆在廟位，因此這種格局所得的錢財，甚至比那些不帶財的星曜所得之財要多很多。（這是比較的問題）。

天府、地劫：這代表財庫遭劫財。因此其人的財是不多的。仍要看天府所在之宮位與旺弱來分大財庫或小財庫之分。也要看地劫所在之位置來分劫財的嚴重性。地劫在火宮時較旺，劫財較不凶。地劫屬火，在五行屬水的宮位為陷落，劫財較凶。例如在申、子、辰等宮位劫財較凶。

如果天府居廟位或旺位，代表財庫大，財多，而地劫也居旺的話，例如在午宮的武府、地劫，或在未宮的天府居廟、地劫，財還是有的，雖劫財，但仍有剩餘，問題不嚴重，只是少了一些。如果是在辰宮的廉府、地劫，或在子宮的武府、地劫，劫財會多一點，因此同樣是有『武府、地劫』，在子宮或在午宮以劫財的多寡來分，就有差距不同了。在辰宮的『廉府、地劫』，和在戌宮的『廉府、地劫』，也是在辰宮劫財重一點，在戌宮的劫財輕一些。同樣是在丑宮的『天府、地劫』，劫財嚴重一些，消耗多一點，在未宮的『天府、地劫』會劫財略輕。

命格中有『天府、地劫』時，你存錢、儲蓄的能力有問題了，存不住。也會因有古怪、特異的思想，做事不能一板一眼，或是計

天空、地劫

算能力不好，無法進財入庫，或財庫有漏洞。更會在工作上不順利，或因貪便宜因小失大。還會偷懶、找藉口，不好好做事。地劫與吉星同宮時，容易顯出疏狂的本性出來。與煞星同宮時是加倍疏狂。其人的小氣行徑，會特別自私自利的小氣，有時為達到某種目的，也會故意大方，其實他仍是只願把錢花在自己的身上，對別人是吝嗇，不肖一顧的。在儲蓄方面，其人仍愛存錢，但總有意外之事要破財，處處想小氣，吝嗇，但又不得不花，因此常有心痛的感覺與表情出來。

太陰、地劫：太陰是一月一次的財，有太陰、地劫時，易失業或房租收不到，房子租不出去，或因房子要維修，把房租花掉了。薪水拿不到，遲發或被扣錢。很容易碰到劫你財的是女人。並且在感情方面，易突然分手，會因外來的影響而分手。（當太陰陷落再逢

天空、地劫

地劫時，尤驗）。你的感情會突然稀少、冷淡起來，冷冰冰，不太理人，會讓靠近你的人受不了。或是對方移情別戀，亦或是第三者介入，而感情突變消失了。太陰居廟、居旺和一個地劫同宮時，表示雖被劫財，但薪水和感情本來豐富，故被劫一點，還剩下一些，不會完全劫光，戀愛也還有機會。當『太陰居平、居陷時，再加地劫』，因感情和錢財、薪水本來就少，再遭劫財，不但完全劫光，還會窮困且負債，也易不婚和失戀及離婚。

『化祿、地劫』和『祿存、地劫』同宮時，都是『祿逢沖破』。到底有沒有財？剩下多少財？要看『祿逢沖破』在何宮而定沖破的財祿有多少。

『化祿、地劫』，也要看化祿的主星是否是財星？是否居旺或居陷？化祿是財星居廟、居旺時，財祿多。有地劫來劫財，還會剩下很多。例如武曲化祿在辰宮，財富大，財多，有劫財，仍會有剩餘很多的狀況，只是耗財凶一點。若是『武曲、七殺、地劫』同宮在卯、酉宮，武曲本來居平，財少，而武殺同宮本來就是『因財被劫』的格式，再加上地劫，是雙劫財，其意義是：本來就窮，又凶，又更遭雙層劫財，故很窮，若在命格中，其人易出家為僧，或入宗教棲身，亦或因窮凶極惡而遭災。

『祿存、地劫』同宮時，要看此『祿逢沖破』的格局在那一宮位，雖然祿存在命盤上皆是居廟的，但祿存五行屬土，在木宮（寅、卯、辰宮）受剋，在水宮（申、子、辰宮）虛浮，都是較不旺的。祿存在火宮（巳、午、未）火土相生最旺，在土宮（辰、戌、丑、未）也最旺。其次要看宮中是否還有其他的主星，其旺弱又如何？才能知道這個『祿逢沖破』的格局，到底還有沒有剩下

天空、地劫

財。例如，在午宮的『武府、祿存、地劫』，武曲居旺，天府居廟，祿存也居旺、廟位，因此財多，再遇地劫，是祿存逢到沖破，祿存沒有了，但還有武府的財。不過武府的財也是被祿存規格化而縮小了，因此這四星同宮時的財，是屬於武府這個層次，最低的財。地劫不但劫了祿存，也劫了武曲和天府的財，使之消耗減少，財庫有破洞，因為原先武府和祿存已形成十分小號的財庫之財而已，再遇地劫，故是劫走一個小銀行，小財主，或只是略為富裕的人的財而已，因此遭受劫財以後，很可能會成空，或落入窮困的境界了。有這種格局的人，在此格局所屬的流運中，會表面看起來有錢，但實際摸不到錢，或是拿到錢，稍微富裕一下，後來財就花完了，又窮了，感覺是一場空的。

※切記一件事，祿存是小氣財神，是保守、吝嗇的財星，和武

天空、地劫

曲、天府這些大財星同宮時，會規格化及縮小了這些大財富，使財變小。就像宮位中有『武曲、天府、祿存』的財，絕對比只有『武府』時的財小很多，所以祿存並不像很多人所想像的成為大富翁的財。你可以去印證『祿存坐命者』都只有衣食之祿而已，有些小財，雖愛存錢，但並無成為大富翁的人。

『祿存、地劫』若與天機、天同、天梁、太陽，這些不帶財的星同宮，表示命中的財本來就不多。還要靠後天的打拚、賺錢，才有衣食，但是遇劫財，故能力不好，賺錢不多，也享受不多，會十分辛苦，有窘困現象的狀況。

『祿存、地劫』若與巨門、七殺、破軍，化忌等同宮，這些都是雙重以上的劫耗，一點祿早就不見蹤影了，還會有負債的狀況。這是『祿逢沖破』沖得十分嚴重刑剋的格局狀況了。

天空、地劫

『劫運』的形式

『劫運』的形式有兩種，就是『天機、地劫』和『貪狼、地劫』。

天機、地劫：天機主聰明，主變動，主上下、高低變動，升降起伏。因此有天機、地劫時，表示有古怪、不行正道的聰明，以及有邪門歪道的聰明，當天機居旺時是本來是好的變化，卻突然走了樣子，不正常，不再有吉運了，或吉中有凶了。這常常是一種突發性的自做聰明，而畫蛇添足，多加了一筆而敗事的狀況。這也會突然失去往上舉升的好機會，變成什麼也得不到了。當天機居平、居陷，和地劫同宮時，因本來就不聰明，又愛搞怪，多手多腳而愈弄愈糟。天機居陷，有運氣直直下落至谷底的趨勢，再加地劫，是極笨，運氣不好，又古怪。愛耍弄標新立異，自以為與眾不同，而致遭災的意思。這是頭腦不清，連周遭環境狀況都沒搞清楚，還要作怪自找苦吃，以及愛胡鬧、胡搞而什麼都得不到、會失去好運的格局形式。

貪狼、地劫：貪狼也主聰明，好爭，人緣佳，好運多，有地劫時，人緣不佳，好運失去，聰明怪異，不想爭，或爭無用的東西。這就是有外來侵入不好的思想，而把好運劫走了的意思。貪狼是橫向、平面的運動速度很快的星，有貪狼在『命、財、官』時，喜向外跑去得財、有好運。有貪狼化忌時，是限制了貪狼的行動，因此不愛動了。但有『貪狼居旺、地劫』同宮時，還是動得厲害，但沒有方向感，找不到好運方向，因此是白忙、瞎忙，亂跑亂走而無所得。其人也看不見好運在哪裡？財在哪裡？

貪狼居廟、居旺時，再加地劫，表示好運還是有，但會損失很多機會和錢財，這是本身腦子思想的問題，有時候你是根本不想向前去爭取好運。當貪狼居平、居陷再加地劫時，會頭腦空空，根本看不到好運。例如紫微、貪狼、地劫同宮時，貪狼居平，根本沒有什麼好運了，完全是靠紫微來平復及化厄呈祥，因此你還感覺不出有什麼太壞的事情發生。此人腦子會空空的，偶而會因外來影響而做錯事，但情況不會太嚴重，命格只會是個普通人之命格。主貴，主富的機運完全沒有了。一生只會做個薪水族小職員而已了。

天空、地劫

例如**『貪狼、地劫』在寅、申宮時，對宮有廉貞、天空相照，**這表示頭腦空空，沒有智謀，自然也毫無運氣可言了。問題是你根本看不到真正有利於你自己的事，你會思想天真、幼稚，異想天開或思慮不周詳。

常想得很美，但與實際情況不符、不實際，因此所想要的常得不到。這種人很難改善，要他從頭學起做人的方法和讓他明瞭生活處世，及生存賺錢的遊戲規則是很難的。因此一生中的起伏坎坷，成就不了大事也是必然的了。

天空、地劫

『劫官』的形式

『劫官』的形式，就是地劫和官星同宮的形式，例如『紫微、地劫』、『太陽、地劫』、『廉貞、地劫』、『天梁、地劫』四種。

紫微、地劫：紫微星是官星，也是化厄呈祥、主權貴，有超級力量的帝座，最好是有輔星、左右扶持。有地劫同宮時，表示帝王遭劫，會讓人不尊敬，以及化厄呈祥的力量減少了，薄弱了。主權貴的力量形成有虛位無實權的力量。也會使好事看起來虛空。這是由外來力量或外來侵入的思想所形成的架空的格式狀況。因此在事業上會做有名無實、居高位無實權的工作。也會在主貴方面不貴、無名聲，而普通。亦會因外來影響而使化厄呈祥的力量不顯現，升不了官，會不精緻、不美麗、不受尊敬，甚至委曲求全。

天空、地劫

太陽、地劫：太陽是官星，亦代表事業及陽性的力量，為首領、為頭目的力量，更代表知識和博愛的力量。有地劫同宮時，事業會因外來的影響而有起伏不順暢。更會在知識方面，因外來力量而走偏方向，而具有不實際的知識，更會在工作上升官不易，容易有外來的人、事劫走你升官的好運。你也較難坐上高位。你的領導能力，常會因想法問題而失去。你不喜歡領導別人。在感情上你會大而化之很嚴重，你對自己不關心、不在意的事，根本不管。對於你所喜歡的人、事、物又特別小氣、嚴刻。

廉貞、地劫：廉貞代表智慧、計謀，也代表暗地中所做的事，還代表桃花。有地劫同宮時，你的腦子想事不周全，會常有壞的思想、陰險的思想劫入，也會在暗中做一些不好的事情。但最後都會帶給你後悔或災禍。廉貞是囚星，表示思想被困、被囚制。有地劫時，表示從正路、正道的方式不會想，從旁門左道的方向很會想。也會把好的事或人從正門趕走，而從後門偷偷的引進邪佞的人或事。這也是骨子裡就壞，但不聲張，日後再來暗中破壞。在事業上代表用暗中邪惡的方法爭鬥，但不一定有所獲得。有關於桃花的問題會空無，會桃花少，也能在情色問題上正派一些。

天梁、地劫：天梁表示名聲、貴人運、出主意、做軍師的方法智謀。有功業時，是虛名、無利，或是不能成名。貴人運會被劫走，做軍師的方法古怪、沒有結果。天梁是蔭星，代表能受蔭庇，及蔭庇別人的力量，有地劫同宮時，是『劫蔭』，表示一切蔭庇的力量遭到意外事情而消失、劫走。同時，你也會內心小氣，只照顧少少的人，或只照顧自家人，及你認定要照顧的幾個人。在事業上會斷斷續續，做不長久。也容易做有名無利、或有利無名之事業、工作形態及職位。天梁居旺加地劫，就是上述的狀況。天梁陷落加天空、地劫在巳、亥宮時，是全無蔭庇、無貴人運，而且有災的。若在官祿宮，是沒有工作能力的。在財帛宮，也是沒有工作能力，沒法賺錢，以及靠人養活，或做只給吃飯，但不發薪水的工作。

『劫福』的形式

『劫福』的形式就是『天同福星和地劫同宮』，與『天相福星與地劫同宮』的兩種形式。

天同、地劫：天同是享福，可懶惰、能使一切平順的力量。有

天空、地劫

地劫時，享福享不到，是因有外來的壞事劫入，或自己腦子中有怪想法而享不到福，被劫福。天同居旺時加地劫，福多、沒劫光，還有剩一點，仍能享福，但享不多。天同居陷時加地劫，是福薄又遭劫空、多災多難、不善終。也會十分勞碌奔波而無所得。多傷剋、生命不長。天同居廟在巳、亥宮加地劫、天空雙星並坐，是福氣完全被劫光，易短命。

天相、地劫：天相是勤勞的福星，會理財、會做事、整理東西、好衣食之歡、辦事有方法、能料理善後，使一切平復整齊。若有地劫同宮時，會有奇怪的想法而不勤勞、不會理財了，在辦事方面，因徇苟且，也不會整理東西，不喜為人料理善後。會無福、享受不多，常有人不讓你享福，吃穿方面的享受也少了，會窮，或會生病、受傷，或被困，而一切不平順。當天相居廟時加地劫，偶而

天空、地劫

還有一點福，在吃穿方面不會少。在錢財方面會少。天相居陷帶地劫時，是辛苦、勞頓、傷剋嚴重、無福且易受傷、開刀、血光、車禍多、性命不長、生命資源不豐的。也易為僧道之人，能延壽。天相、地劫、天空在巳、亥宮同宮時，是福氣完全被劫光，無福，頭腦空空，常忙碌而不知忙什麼，也對任何事不關心、易不婚，計算能力不好、不會理財、不會做家事，平復整齊、收拾殘局的力量沒有、懶惰、易得精神疾病，無福，早夭。也會不想管事。

『劫印』的形式

『劫印』的形式，是『天相、地劫』同宮的專屬形式。其人會掌不到權，或大權旁落，根本權力落不在你的身上。同時你無法支配錢財，會懦弱，完全聽命於別人。有『廉貞、天相、擎羊、地

天空、地劫

劫』時，是『刑囚夾印』帶地劫，會懦弱而致災，有性命之危，易遭災而夭折。

像命盤上有『紫相、地劫』、『武相、地劫』、『廉相、地劫』都是『刑印』格局。都有無法掌握實權、懦弱而損失、遭災的狀況。此人更沒有領導能力，處處受制及聽命於人，一生無大作為。

『劫殺』的形式

『劫殺』的形式格局：就是七殺和地劫同宮，會遭外來的惡勢力而殺害。會經強力的傷害、辛苦而損耗。易有車禍、血光、開刀、刀傷、石傷恐怖組織的槍傷、爆炸事件，而損財害命。易入宗教來庇護。

天空、地劫

『劫耗』的形式

『劫耗』的形式就是破軍與地劫同宮的形式。表示愈打拚、愈破耗、愈失去很多，會負債累累。會無財、消耗生命的財、易生病及帶病延年，或常有開刀，傷災、車禍、血光及消耗性的傷災、破洞，好的都易變成壞的。有怪異思想，能接受負面的、反差錯大的思想，一生多起伏損耗，有灰色思想、易入佛道。劫耗入命時，也易入宗教來庇護生命。

『劫刑』的形式

『劫刑』的形式就是刑星和地劫同宮的形式。有『擎羊、地劫』、『陀羅、地劫』二種『劫刑』的形式。

擎羊、地劫：是遭外來的惡勢力所劫殺、剋害、奪走利益及生

天空、地劫

命。因此會有刀傷、車禍、血光、開刀等現象，亦會為賊人所害，侵入殺害，更會為小人所害。其傷為撕裂傷、或尖銳器物刺傷、利刃割傷、會流血很多而亡。擎羊、地劫入命時，在辰、戌、丑、未宮，擎羊為居廟時，會因強悍的性格而形成雙重刑剋。好爭、勞碌、有漏失，也可能爭不到，或用古怪的方法來爭，又爭一些沒有實質意義的東西。當擎羊居陷加地劫入命時，為人會懦弱陰險、想法會用陰暗、邪佞的方法來思考。這是更刑剋嚴重的命格，受傷、劫財、流血更為嚴重，常有惡死、不善終之現象。是遭劫殺致死的狀況。

陀羅、地劫：是遭是非困住、或是由外來力量來形成甕中捉鱉的現象，亦或是外來的鈍物所傷的現象，亦或是由外來的傷害而磨平的現象，來奪走生命、利益，或刑剋生命體及財物。因此會有鈍傷、磨傷、車禍、血光、開刀等狀況。**陀羅、地劫入命時**，在辰、戌、丑、未宮，陀羅居廟，是有古怪的固執強悍，即使錯誤也要錯下去的方法來爭，因此消耗殆盡，也得不到任何利益。做武職也容易耗損生命。**陀羅居陷加地劫入命時**，在寅、申宮，對宮有另一個天空星相照，是頭腦空空、愚笨、固執、又會朝向壞的、失利的方向旋轉再困住。因為內外精神上與環境上皆虛空的關係，因此看不到財，也自身無財。消耗和損失都極大。如果在巳、亥宮，居陷的陀羅和天空、地劫同宮，頭腦笨又四大皆空。其人會原地空轉，只吸引是非、災禍而無吉運，環境又差，會耗損無命。

天空、地劫

『火星、地劫』和『鈴星、地劫』，這兩個格式都是不成立的，因為在時間標的上，火、鈴和地劫會不相逢。

天空、地劫

『劫暗』的形式

『劫暗』的形式，就是巨門暗星和地劫同宮的形式。是以是非的形態來劫走財或利益。因此當命格中有此格局時，就常會有是非發生，也會有被劫財損失的問題產生。當你和人有口角、有爭執、有瓜葛時，就會有損失產生。沒有是非、口舌、災禍，也能平靜度日。當是非口舌多的時候，仍有財利可看得見。當是非口舌突然停止時，也空空如也，什麼財利也沒有了。而且是外力侵入或外力影響所致的力量，使是非口舌止住消失的。

『劫囚』的形式

『劫囚』的形式，就是廉貞囚星和地劫同宮的形式。廉貞是智慧多謀，凡事喜企劃、經營，有暗中主導事物的能力，有地劫同宮時，會比較笨，又會用更晦暗、不光明、更邪佞的方法主導事務，是自以為聰明、反被聰明誤的人。囚星也有被困、被囚起來的現象，因此有廉貞囚星和地劫同宮時，是先困在一個地方，接著再暗中遭黑道劫走。或是本來就有不好的想法、計謀，又再聽了別人的惡毒的建議，而產生更嚴重及痛苦的災禍。反正結果皆是不好的。

『劫輔』的形式

『劫輔』就是『地劫和左輔』、『地劫和右弼』同宮的形式。同時也是將左右手的力量、平輩的力量、有幫助的力量劫走而對人無益處。有『劫輔』現象時，其人沒有合作的精神，喜獨自努力，或不合作。人際關係不好，或較孤獨，同事關係不好，格格不入，及和晚輩之間的關係也不好，會對別人挑剔嫌棄，認為別人全是對自已無用的人，根本不想找別人幫忙，別人也會愛幫不幫，或是表面是幫忙，但愈幫愈忙，或是幫些不合需要的忙。

第四節　地劫星的特殊格局

地劫星的特殊格局很少，只有一個，那就是『命裡逢劫』格，又稱『浪裡行舟』格。形容有地劫入命宮，或在各宮位時，或在大運、流運之中，會起伏、坎坷、多破財、刑傷。在命書上說，如楚霸王項羽兵敗於烏江自刎，古時富豪石崇財富散盡、阮籍貧窮都是因為走『劫空運』，才會有這麼多的不順利。

『命裡逢劫』格，主要是刑財，會刑有形之財，也會刑無形之財。有形之財，就是錢財。無形之財，就是生命之財、身體之財，包括了健康和壽命。

『命裡逢劫』格在**『命、財、官』**三合宮位之上出現時，其人一生所能享受的財少，是窮困之命。其實命格中有刑星，及刑財、破耗之星時，就是告訴你，你的人生格局是受到限制的，所享用到的財是規模較小的，這些問題和現象不僅是出現在賺錢較少、不多，但耗財多、窮困。也會出現在身體多疾病、傷災、不健康等的問題上面，更會出現壽命短、或有意外身亡的事情上面。

『命裡逢劫』格出現在**『夫、遷、福』**三合宮位之中，表示你自出生以後，周圍環境就不好，凡事逢劫，你也會性格受到環境之影響，看不到財，或錯失了財，而享受不到財。這當然也會影響到先天所能得到的財的多寡，也會影響到人之壽命與健康。而且人生多不順，易落在社會金字塔的底層生活。

『命裡逢劫』格出現在『兄、疾、田』一組的三合宮位上時，表示你在繼承祖傳的遺傳因子上有缺陷，會兄弟少、家財少、不富裕，或是有遺傳性疾病，這也是規格化了你先天的財，使之變小。人命之整體格局不高，會家族不興旺，完全要靠你自己打拚、賺錢、錢財又存不住，十分辛苦。你忙來忙去，也只能忙你自己一個人的食祿生活之資，無法照顧太多的人。

『命裡逢劫』格，出現在『父、子、僕』一組的三合宮位時，表示你在承先啟後的輔助力量上會較薄弱空茫。你也會在周遭的輔助力量上較少。你會性格較孤獨，或幼年家中不富裕，這也是另一種型式的使先天之財規格小，會影響人命整體格局問題的刑剋狀況。

『命裡逢劫』格真正要在命、財、官、遷，為獨坐時對人才會造成極大的影響。其中又以在命、遷二宮直接影響到人的思想為較嚴重，其人常會有灰色、放棄的念頭和思想，易入宗教、佛道之中。

另一種嚴重的狀況，是被羊陀所夾的狀況。有羊陀所夾時，必有祿存與地劫同宮，是『祿逢沖破』，易有災禍。人也會小氣、窮困，是財窮的原因，易受欺負。其中以在巳、亥宮有天空、地劫同宮，再被羊陀所夾的格局為甚。此格局是和『半空折翅』的格局相同的為同一格局，都是指丙年、戊年、壬年生的人，又生在子時或午時的人會遇到的格局。在逢巳年、亥年時，要小心有傷剋，在大運、流年、流月、流日、流時，三重逢合時，有性命之憂。

（請參考前文第一章第四節天空星的特殊格局中，3『半空折翅』格之內容）

紫微星曜專論

此書為法雲居士重要著作之一，主要論述紫微斗數中的科學觀點，在大宇宙中，天文科學中的星和紫微斗數中的星曜實則只是中西名稱不一樣，全數皆為真實存在的事實。

在紫微命理中的星曜，各自代表不同的意義，在不同的宮位也有不同的意義，旺弱不同也有不同的意義。在此書中讀者可從法雲居士清晰的規劃與解釋中對每一顆紫微斗數中的星曜有清楚確切的瞭解，因此而能對命理有更深一層的認識和判斷。

此書為法雲居士教授紫微斗數之講義資料，更可為誓願學習紫微命理者之最佳教科書。

第三章 天空、地劫在人命中要一起看

有空劫入命或在命盤中，就是對命格的一種減少、刑剋或約束、限制。每一個人的命盤中都有天空星和地劫星，其實天空星和地劫星是一體的，同時存在的，要看這兩顆星在那些宮位出現，就知道是在人命中那些問題上會因一時失察，或有觀念的變化影響，或是在先天性的命理財富規格縮小，而使在其人生中該得到的，沒得到，該有的沒有。

天空、地劫

第一節　天空、地劫出現在人事宮的看法

天空、地劫在『命、財、官』及『夫、遷、福』的意義

例如天空、地劫分別在『命、財』二宮出現，就是因頭腦空空，賺錢賺不到。例如天空在命宮，地劫在財帛宮，就是賺錢、做事的方法不好，沒有太多腦子在做事及賺錢上，是故賺不多，或被劫財。

例如天空、地劫分別在『命、福』二宮出現，則表示天生用腦不多，做事常有想不到及思想不夠周全的問題，而命中之財較少或減少了，天生享福也不多了。也表示天生的命格中福和財本來就較

天空、地劫

少，是故其人也不會或不想用太多腦子了。

例如天空、地劫分別在『命、遷』二宮出現，表示你頭腦空空，或容易被人影響，在環境中又常空虛或有小人出現來影響你，劫你的財，因此你是內外夾攻的形式，你會太天真、太粗心大意，想的不多而看不見財或失去財。通常對你好的事情，你會全不做，或不想要，對你不好的事情，你會看不清楚，反而去做，或接受，因此人生起伏，所得不多，也易遭災，或財窮。你也會頑固，自以為是，不願接受別人意見，必須多用腦子想些有用的事，才能突破思想障礙而平順。也必須改變環境，讓別人來管你，提供人生的方向，你才會奮發上進有目標。

例如天空、地劫分別在『命、夫』二宮出現，表示頭腦空空，或常有怪思想侵入你的腦子，或你愛道聽塗說，而你的內心也是空

天空、地劫

蕩蕩的，思慮不周詳，或產生古怪想法的，你會保守、孤僻、不合群，對人多懷疑，但自己的思考能力又不足，會讓人感覺你有些笨了。在錢財方面，你常看不到能賺的錢在那裡，心中見不到財，自然財少了。你也會對人用情較少，常有眼神迷茫，發呆或傻傻的樣子。你也會不婚、晚婚、離婚。

例如天空、地劫分別在『財、遷』二宮出現，表示環境中常看不見財，或常有小人在劫財，所以你手中能掌握的錢財少，也容易耗財，存不住錢。你本命也較窮，財少，生活辛苦。

例如天空、地劫在『命、官』二宮出現，表示你在天生聰明度上和性格上，清高、天真、用腦不多，因此做事方法不太好、用心不多，得不到太多財。也會在工作上起伏，不長久，斷斷續續，唸書時就不用心，不努力，不積極。在正事上能力不足，在旁枝末節上用心太多，是頭腦不清楚的人，事業多起伏成敗。

例如天空、地劫在『財、官』二宮出現，表示在錢財上和在事業上都是隨遇而安，用腦不多的，也會常因外在財祿出現的機會而有起伏的。更會因你在事業上或錢財上用心不多，打理不夠縝密，而有疏失，使財減少，你也會有錢多、多花、錢少少花的現象，沒錢時，就窘困了。要看你命中真正的財是多、是少而定你是否會窮困、辛苦了，通常在事業上是好的時時不多，壞的時候較多。

通常『天空、地劫』在『財、官』二宮的人，會不重賺錢的多寡，和工作的辛苦程度，他們是只要自己想做才做，想賺才賺，不想做，不想賺，就不賺了。

例如在天空、地劫在『財、福』二宮相對照的人，是天生命窮、財少的人。而且腦子空空，賺錢能力不好，也不想努力，只會說些清高的話。他的一生恐怕是靠別人的時候多，靠自己的時候少了。並且別人幫忙，他還不一定領情。有時候及財窮的時候，非常想賺錢，但機會來了他又會害怕和猶豫不前。

例如地劫、天空在『官、遷』二宮出現時，表示你外在的環境會空茫或劫財，你本身的聰明度和打拚能力也不足，或容易受人影響，會有人生起伏、坎坷不順的現象。你也會常因環境變化的關係，失去工作。你更會因自己一時的聰明而想變換環境常換工作。因此人生變動多，收獲和成就都會減少了。

例如天空、地劫在『官、福』二宮出現時，表示你在天生智謀、智慧上不足，因此打拚能力不佳，會多勞碌，而徒勞無功。倘若身宮又落在福德宮的人，是愛享福又享不到福，並且是不知要如何享福的人，也許只是用一些吃喝嫖賭，對身體不好的方式來享

天空、地劫

福。若再有貪狼在福德宮和地劫或天空同宮，又為身宮的人，表示天生貪心，想貪而貪不到，會貪一些不實際或沒用的東西，一生也無大目標，只是一個無用的平常人命格。如果官祿宮有武府、地劫，而福德宮有破軍、擎羊、火星、天空，表示其人在工作上偶而能賺到大錢，但機會少，又常有劫財，其人一生勞碌，命中的財不多，而且自己享受不到。其人會性格陰險粗暴，有時會懦弱，會有意外傷災、車禍或被人殺死，不善終的狀況。

例如天空、地劫在『夫、福』二宮出現時，表示你天生天真、清高，內心也常空茫，想的不多，另有吉星在『夫、福』二宮出現時，表示你還開朗，不計較，會有另外安慰自己的方法，思想另類。若另有凶星、煞星與地劫、天空同在『夫、福』二宮時，表示你內心有詭異不良的想法，因此無福，命凶、勞碌，會因自己的觀

天空、地劫

念或想法害了自己的一生。也容易腦袋不清楚而失財、無福。

例如天空、地劫分別在『夫、遷』二宮時，表示你周圍的環境是和你的心理問題是相互影響的。你內心是空茫或不穩定的，而造成你看不到周圍環境中的財，因此被劫財，或財空。你也會因為周圍環境中財少，被劫財，或財空，而使你的內心變窮，因此你會對人冷淡，及凡事不在乎，不開心，用情不多，工作不順利。

例如天空、地劫分別在『夫、財』二宮出現，表示你內心較空洞，不重視財，因此會賺錢少了。如果身宮又落在財帛宮的人，表示你表面上不重財，其實非常愛錢，但是你不知如何去愛錢、賺錢才賺得到。你有時很苦惱，在你的內心根本就沒有把要如何學習賺錢的方法、技巧放在心上，所以你只是瞎忙，瞎起哄，其實你是根本沒進入情況的人，因此也經常白忙一場，離財依然很遠了。

第二節　天空、地劫在六親宮時的看法

天空地劫在『兄、疾、田』及『父、子、僕』的意義

天空、地劫在六親宮時

例如天空、地劫分別在『父、兄』二宮出現時，表示父母與兄弟皆不得力，父母之一或許早亡，或父母分居，感情冷淡，兄弟也會少一些，兄弟感情或冷淡或不親密，離得遠。家人對你來說是幫助不大的。你會靠自己去努力，以求生活。

例如天空、地劫分別在『父、子』二宮出現時，表示家裡的遺傳因子很單薄，父母易早亡或分離，你的子女也會少，或不親密。

天空、地劫

你也容易晚婚或不婚。倘若夫妻宮好的，有吉星的人，你只是父母、子女緣薄而已。倘若夫妻宮不好，有煞星的人，你也許根本不想結婚，而且家庭觀念淡薄。

例如天空、地劫分別在『父、僕』二宮出現的人，表示你的父母及朋友都是不得力的。在工作場所，易和上司、老闆、同事關係冷淡，你不想太麻煩別人，有些孤獨，喜歡獨自完成工作或獨處。你的幼年時代可能不太愉快。你如果能發奮圖強，將來自己做老闆和上司長官時，會高高在上，不喜歡溝通。倘若做不成老闆、上司的人，會較保守、孤僻，升官不易，賺錢也會少。

例如天空、地劫分別在『父、田』二宮出現的人，表示你家中的人丁稀少。家中的人也會感情冷淡，沒有向心力。家中的人耗財多，生產能力小，可能只靠你一人在苦撐。你的財庫不牢，容易守

天空、地劫

不住房地產，也守不住錢財。易被劫財或空洞化。

例如天空、地劫分別在『兄、田』二宮出現時，表示你的兄弟會少一些，或無兄弟。而且兄弟間感情淡薄，家中很冷清，房地產不多。房地產也會被兄弟拿去，而使你應得的家產減少，或失去。您的家中比較窮或不太富裕，財少。

例**如天空、地劫分別在『兄、疾』二宮出現時**，表示你家天生的遺傳因子不太好，你在身體上會有一些問題，未來得癌症的機率較高。你的兄弟少，或感情較淡薄，沒有助力。你比較會將期望放在你成年以後所組的家庭中。幼年時的家庭對你不得力。

例如天空、地劫分別在『兄、子』二宮出現時，表示你家中的遺傳因子不好，你家上代與下代容易人丁單薄，不旺，或是你和兄弟或子女感情淡薄，不親密或不得力。家庭生活對你沒有太大的吸引力，你的才華也比較少或古怪，做事也不太看以後的結果問題，會我行我素，也許會不婚或晚婚。你和配偶的關係也不會太好。你會在人生中獨自努力，一生較孤獨、自閉。同輩和晚輩對你來說不得力，也不重要。

例如天空、地劫分別在『僕、田』二宮出現時，表示朋友少或不得力，財庫有破洞或空洞，存不住錢及家中財少，易困窘。你家中的人丁少，不旺，家人之間也會感情冷淡，朋友和家人都不太得力，你容易孤獨，或自己忙自己的，沒功夫與人哈拉來增進感情。

天空、地劫

天空、地劫相對照時（在寅、申宮）

天空、地劫分別在『命、遷』二宮相對照時，前面已說過了。

天空、地劫分別在『兄、僕』二宮相對照時，表示你平輩的助力完全沒有助力了。你的兄弟和朋友皆不得力，你會兄弟少，也不太知道如何與同輩的人如何交往，有時會覺得麻煩。你也容易晚婚，或不婚。一生較孤獨，或不喜朋友幫忙，在工作上喜獨力完成，或做SOHO族，不想麻煩別人，也認為別人會愈幫愈忙。

天空、地劫分別在『夫、官』二宮相對照時

天空、地劫分別在『夫、官』二宮相對照時，表示你的婚姻和工作有絕大的關係。你的工作會起伏變化，斷斷續續，未結婚或婚姻中斷，都會影響你的工作及事業不順利。你也會頭腦不清，不愛結婚，或以先立業再成家，結果一事無成。這表示你的心性和思想都不成熟，不實際，實在需要配偶的幫助，才能在人生中立定足基，站穩腳步。但你的智慧空茫，看不清自己的缺點，奮鬥力也不足，方向感也缺乏，還對自己有很大的期望，其實你只是糊塗在過日子而已。結婚以後，有配偶的督促，和有人可商量，情況便會不

一樣了。

天空、地劫分別在『子、田』二宮相對照時，表示你的家中沒有子女、小孩，你的錢財根本就存不住。你也會因為很多問題沒有子女。例如身體不好，或有隱疾、不孕，或是子宮開刀，生殖系統開刀動手術而無法生育，或是根本不想生育子女，而使你的財庫空虛或遭劫財，因此你會財少及留不住錢財，容易耗光。如果領養小孩做自己的子女，也能改善財庫有漏洞的狀況。但小孩一定要養在自己家中，不可放在他處託別人代養。否則仍和沒有子女在家中，財庫空虛是一樣的狀況。

天空、地劫分別在『財、福』二宮相對照時，是本命財少的人。而且在賺錢能力上有所不足。常清高或做一些與錢有仇、不利錢財之事。倘若本命是主貴的格局，又向這方面努力的話，做一個清貴的讀書人或公務員，倒是也能一生平順，有飯吃。倘若身宮又落在財、福二宮，會一生追著錢財跑，勞碌而內心苦，始終在窮困邊緣。你若是想有錢只能靠別人了，但是你天生的福氣也少，因此能享受到的財福也不多。

天空、地劫分別在『父、疾』二宮相對照時，是家族遺傳因子不好的人。父母容易早逝，你本身的健康情形也會發生問題，容易生癌症。你是命中先天的財（生命資源）較單薄的人，因此你的壽命也會不太長，更容易有突發事件、傷亡或病故。

十二個宮位逢天空、地劫雙星同宮在巳、亥宮時

天空、地劫一起同宮時，必是生於子時或午時生人。代表其本身就空空，再遭劫財，又更空。所以什麼也沒有了。因此**天空、地**

天空、地劫

劫同在命宮，必在巳、亥宮，有廉貪同宮或相照時，是桀傲不馴、行為乖僻、言語不實、性格頑劣、做事疏狂、人緣不佳、不行正道、飄泊勞碌、易為孤寒、賤命。也容易傷風敗俗，不善終。

天空、地劫若與其他的星曜如紫殺或太陽、或天同等星同宮入命宮時，表示其人腦子空空，常有怪異思想，一生無所獲，無成就，不知好歹，不明是非，不負責任，是個無用之人，也容易有精神疾病。在幼年時容易夭折，即使長大了，也本命財少，會依靠他人過日子。

天空、地劫同宮在兄弟宮時，會沒有兄弟。如果還是有兄弟，兄弟會早亡，有意外身亡的事故，不宜同住，因為相照僕役宮的關係，朋友也常無力幫忙，或心有餘而力不足。

天空、地劫同宮在夫妻宮時，會無法結婚，會不婚。是無室無

天空、地劫

家之人。因為相照官祿宮的關係，事業做不長，易不工作。

天空、地劫同宮在子女宮時，會無子、無女。其人會不孕、不婚，或根本不想生，因相照田宅宮的關係，會存不住錢財和房地產，易窮困。

天空、地劫同宮在財帛宮時，根本無錢財，會靠人供養過生活。因為相照福德宮的關係，易無福、窮困、早夭。

天空、地劫同宮在疾厄宮時，其人身體有絕症、怪病，生命資源空乏，易夭折，活不長。因相照父母宮，父母也會身體不好，早亡。

天空、地劫同宮在遷移宮時，其人外在的環境空無，無財也無福，幼時即易夭折，無法存活。在空門、寺廟中長大也能活。易被拋棄、棄養，人生坎坷，也活不長。容易遭災而亡。因相照命宮的

天空、地劫

關係，其人是思想空洞，也易行邪佞之途。

天空、地劫同宮在僕役宮時，沒有朋友，為人孤獨，內向，喜過山林、隱蔽的生活，孤獨一生。也易不外出工作賺錢。因相照兄弟宮的關係，其兄弟也少或不來往。

天空、地劫同宮在官祿宮時，不會工作，也沒有工作，聰明才智也不會放在工作上，其人會一生靠人過日子，為一螻蟻偷生之人。因相照夫妻宮的關係，其人易不婚或離婚，孤獨以終。

天空、地劫同宮在田宅宮時，表示沒有房地產，也不喜歡買房地產，也沒有家，會不結婚，亦容易在寺廟、教堂中過日子，是無室無家之人。因相照子女宮的關係，易無子女。

天空、地劫同宮在福德宮時，表示頭腦常空空，喜發獃，頭腦清純，不多想。但易有精神疾病的問題，要小心注意不能受刺激。

天空、地劫

如果與天同、天相等福星同宮時，表示根本無福，要小心早夭的意外，或有災禍降臨而失去一切。因相照財帛宮的關係，易手中常無錢財可花。

天空、地劫同宮在父母宮時，表示無父母，會父母雙亡，或被棄養，在無父母的狀態下長大。但也要小心身體問題，以防有突發病變而亡故。更要小心生癌症、絕症的機率很大。

紫微談判學

法雲居士⊙著

現今工商業社會中，談判、協商是議事的主流。
每一個人一輩子都會經歷無數的談判和協商。
談判是一種競爭！也是一種營謀！
更是一種雙方對手的人性基因在宇宙中相遇激盪的火花。
『紫微談判學』就是這種帶動人生好運、集管理時間、組合空間、營謀智慧、人緣、創造新企機。
屬於『天時、地利、人和』成功法則的新的計算、統計、歸納的學問。

法雲居士用紫微命理教你計算、掌握時間的精密度，繼而達到反敗為勝以及永遠站在勝利高峰的成功法則。

第四章　天空、地劫在『命、財、官、夫、遷、福』彼此相關連的意義

天空、地劫在命盤上出現的現象有三種：

一種是丑、寅、辰、巳、未、申、戌、亥時生的人，天空、地劫分別在兩個宮位中出現，例如在戌子、丑酉、卯未、午辰等宮出現。這種現象在戌子、午辰兩組宮位出現時，**為劫空相夾某一宮**。在丑酉、卯未兩組宮位出現時，**為劫空在三合宮位之中**。

第二種是卯時、酉時生的人，天空、地劫分別在寅、申宮相對

天空、地劫

照的現象。

第三種是子時、午時生的人，天空、地劫會一起同宮在巳宮或一起同宮在亥宮**為『劫空同臨』的現象**。

上述這些因出生時間的關係而形成天空、地劫的不同組合，在人命中也形成千千萬萬個不同變化，因資料內容繁多，有些意義也是重複的。為簡化及方便讀者瞭解其意義，故專就天空、地劫在命宮及父母宮宮位出現的意義做出說明。請讀者以這兩個宮位為主體案例，來參考解釋出其他相關宮位中之『劫空』的意義出來。先以在『命、財、官、夫、福、遷』這組相關連的首要軀幹的宮位做說明。

（因命宮有一個天空、地劫時，會有另一個地劫、天空在財、官、夫、遷、福等宮出現。彼此有連帶關係，故可以一起看）

天空、地劫

天空、地劫在命宮時的看法

天空、地劫在命宮

當命宮有一個天空，或一個地劫入宮時，要看命宮中還有沒有其他的主星，才能定出天空和地劫對命宮的影響。倘若主星是吉星居旺的，再加一個天空，或主星居旺再加一個地劫，問題都不嚴重，只要注意一下，多想一下，凡事多考慮一下，就不容易失落、耗財，或被劫財了。事情也不容易成空了。例如『武曲居廟加天空』或『貪狼居廟加地劫』入命宮的人，只要多注意、用心、用腦子、講究實際效果，少做天馬行空之事，就能破除劫、空入命所帶來的災害。當『武曲居廟加天空』是『財空』，容易不注重財，或因思想清高而不努力於財的方面。

天空、地劫

當你的命宮有一個天空星出現時，地劫星則會在夫妻宮、財帛宮、遷移宮、官祿宮、福德宮出現。

當你的命宮有一個地劫星出現時，則天空星也會在夫、財、遷、官、福等宮位出現。這表示在你生命中兩個漏空的地方，但都起源於自己腦中，心中的不實際想法所形成的結果。

各主星帶天空、地劫在命宮時的看法

紫微、天空在子、午宮入命宮

當紫微、天空在子、午宮入命宮中時，其人的夫妻宮會有七殺、地劫。表示其人本命是『官空』的形式，而夫妻宮是『劫殺』的形式。其人會內心清高，用腦不多，喜歡投機取巧，在心態上不實

天空、地劫

際。因此本身趨吉、趨福的力量不足，會在一些不實際能得到利益的事情上打拚，做事成果不佳。在人生成就上會打很大的折扣，只為一般普通人的命格，不貴。在工作上打拚力量不足、升官不易，不想升官。此人也容易不婚。命宮在午宮時，紫微居廟，還能有一些趨吉平復生活上小災禍的力量。命宮在子宮時，紫微居平，平復災禍的力量就十分有限了，因此人生中不順的事情更多，想得到的不太能得到，或是有一些妄想得到的東西和觀念，一生都在不滿足中過活，生活也會不愉快。大運及逢煞星刑剋多的人，會有監獄歲月。若有紫微化權加天空入命宮的人，是強力要主導，高高在上，強力要管，要撫平災難、空洞，但自己又頭腦空空，管不好，也無權管，別人不聽你的，是『官空』、『權空』的形式，此人是壬年生的人，其人財帛宮有武曲化忌、天相，但夫妻宮是『七殺、地劫』，此人會操勞，對錢財不實際，沒有理財觀念，終日在理平債務，但理財觀念及能力都不好，故一生糾纏在缺錢和債務之中，夫妻感情也不佳，易離婚或不婚。

天空、地劫

紫微、地劫在子、午宮入命宮

當命宮在子、午宮有『紫微、地劫』時，其人的夫妻宮會有『七殺、天空』，表示命宮是『劫官』的形式，而夫妻宮是『殺空』的形式，其人容易事業多起伏，或因事業上的成敗問題，容易入宗教、佛道之中，其人也容易不婚或離婚。也會因一時觀念錯誤放棄事業及家庭，以及人生正常的生活方式。也容易聽信別人的話而失敗，或走上宗教之路。倘若有『紫微化權、地劫』同宮入命時，表示愛管事，又常愛管不管，不能持續。此時財帛宮有武曲化忌、天相，表示工作有起伏不順，愛做不做，內心想法古怪，常有不合實際需要的想法，在金錢上理財能力不佳，常有債務發生，該努力的不努力，人生會更增混亂。

紫府、天空入命宮

當命宮有『紫府、天空』在寅、申宮時，其對宮遷移宮中會有『七殺、地劫』。表示其人本命是『官空、財空、庫空』的形式時，其外在的環境中是『劫殺』的形式。有此命格的人，常做事清高、不太用大腦，很多事想不清楚，或喜歡空想，都對他自己沒幫助。當他用心想事情，能設定自己人生的目標，而這個目標又是真能實際達成，是可行的話，此人就能有出息，能有成就，也能得到自己想要的東西。但他們多半糊塗過日子，或是理想、目標太多，沒有考慮到自己的能力做不做的到，因此常磋跎時光，糊塗過日子，一事無成。工作不長久，做做停停。也會晚婚或不想結婚，沒有人生目標，過日子沒勁。紫微是官星和帝座，天府是財庫星，雖在命宮，但有天空時，是財庫也空，主貴及掌權的力量也空，這些都是因為頭腦不清楚的關係所致。因此他會東打拚一下、西打拚一下，但都半途而廢，得不到結果。

天空、地劫

紫府、地劫入命宮

當命宮是『紫府、地劫』在寅、申宮時，其對宮遷移宮中會是『七殺、天空』。表示本命是『劫官、劫庫、劫財』的形式，而其周圍環境是『殺空』的形式。其人會頭腦清高，有怪異想法，不一定愛打拚了，也會愛打拚而一無所獲，或一事無成。其人的思想模式和現今社會上通行的價值觀有很大的出入。因此做事做不長久，也容易晚婚和不想結婚。也容易入佛道宗教中棲身。如果再有紫微化權、天府、地劫入命宮時，會在宗教團體、寺廟中做主持，會有清譽名聲，生活愜意。

紫相、天空入命宮

當命宮有紫微、天相、天空在辰、戌宮時，其福德宮會有『七殺、地劫』。表示本命會是『官空、福空、印空』。而天生腦中的想法是『劫殺』的形式。其人會常因不好的想法，或自己根本不想享福，不想掌權管事而有放棄的念頭。因此其人一生會坎坷、不順、沒有領導力、頭腦空空。其人一生的財富也會比一般紫相坐命的人少很多。其人會心情鬱悶、不開朗，易有精神疾病。也容易導致其他的災禍發生。如傷災、血光，或破產之事等等。

天空、地劫

紫相、地劫入命宮

當紫相、地劫在命宮中時，你的福德宮是『七殺、天空』。表示你本身是『劫官、劫福、劫印』的人，而天生福氣是『殺空』的形式。你會頭腦不實際、無福、勞碌，而常無所獲。更會清高、財少、事業做不長，無法掌握權力，有懦弱的氣質，沒有領導力。更會不開朗，心中易鬱悶，易患精神疾病。一生中也傷災、血光、疾病、災禍較多。

紫貪、天空入命宮

當命宮是紫微、貪狼、天空在卯、酉宮時，其官祿宮有『廉

殺、地劫』。表示本命是『官空、運空』，而事業上是『劫囚』、『劫殺』的形式。此人本身的智慧不高，思想不實際，常努力錯方向，或是性格保守，沒有遠見，只會蠻幹，也常會中途放棄。亦可能在宗教團體中工作。若做一般的工作會斷斷續續不長久，常失業。其人本命也不長，常有災禍發生。會因車禍或意外血光而喪命。

天空、地劫

紫貪、地劫入命宮

當紫貪、地劫入命宮時，其人的官祿宮有廉殺、天空。表示本命是『劫官、劫運』的形式，而事業上是『殺空、囚空』的形式。因此其人常因思想上的問題，遲鈍或有異想天開的事情而缺乏運氣，事業半途而廢或沒有成就。一生勞碌，所獲不多，比相同命格的人在賺取財富時會少許多。也易走入宗教、或在宗教中謀生。前台灣國防部長陳履安先生即是紫貪、地劫、左輔在命宮的人，離開公職後，投入宗教，即是此例。

若有紫微化權、貪狼、地劫入命宮的人，其財帛宮必有武曲化忌、破軍，其人若能清高而主貴，做薪水族，也能不至於太窮困及餓飯，仍有錢財上的困難，但如果真的頭腦空空，不做公務員或薪水族，想要做生意的話，則會一生為衣食奔忙，也會有生活困境。紫微化權也沒有什麼用了，只會頑固的破耗而已。會給自己帶來更多的債務和災禍。

紫殺、天空、地劫在巳、亥宮入命宮

紫微、七殺、天空、地劫會在巳、亥宮四星同入命宮。紫殺坐命的人，本來是性格強勢，很喜歡打拚，有意志力和奮鬥力的人，

天空、地劫

但有天空、地劫同在命宮時，就是頭腦不實際，光說不練，意志力和奮鬥力差的人了。做事起起伏伏，工作不長久，幻想多，多說少做，沒主見，喜歡虛幻、成敗多端之事，而且破財很凶。若再有祿存同宮時，為『祿逢沖破』的格局，亦為『羊陀相夾劫空』的格局，命運凶險，會因招災而亡。

紫殺、空劫同入命宮的人，一生破財、多災，一個紫微也難以平復三顆煞星所造成的災害，最主要它會使人的頭腦空空，偏向邪佞或愛享福而什麼都不做。其人也會多說廢話，常為無用之人。

紫微、破軍、天空入命宮

當紫微、破軍、天空在丑、未宮入命宮中時，其人的財帛宮定有『武曲、七殺、地劫』。本命是『官空』、『耗空』，而手中錢財是

天空、地劫

『劫財、劫殺』的形式。這是因為頭腦空空，不會賺錢，消耗多，理財能力不佳，本命較窮。在財帛宮『武曲、七殺』本來就是『因財被劫』的格式，又再加上一個劫財，是『雙重劫財』，是故必窮無疑，生活會有困難。其命宮中也是官空、耗空的形式，表示思想不實際，愛花錢破耗，即使想賺錢，也會不計代價的先破耗（投資）再說，但也無法有能力創造好的收獲。是故不投資還好，投資只會有破耗，很難賺到錢，只適合做薪水族。有紫微化權、破軍、天空入命宮時，財帛宮必有武曲化忌、七殺、地劫，其人會清高，頑固、窮困更甚，也更容易為財拚命，因財持刀，災禍更多。

紫微、破軍、地劫入命宮

當紫破、地劫在命宮時，其人的財帛宮會有『武殺、天空』。

表示命宮是『劫官、劫耗』，手中錢財是『財空、殺空』的形式。這是頭腦中有奇怪的想法，而導致破耗多，錢財不順，和賺不到錢，手中窮困的現象。你天生不會理財，稍有一點進帳。也會胡亂搞完。在工作上也沒奮發力，不工作，一生困窘，很難有事業，易入宗教中發展，或做騙人、騙財的行業。

天機、天空在子、午宮入命宮

當天機、天空在子宮或午宮入命宮時，是『運空』的形式。其夫妻宮是太陽、地劫，又是『劫官』的形式。夫妻宮代表內心潛在的思想意識。因此有此命格時，其人很聰明，但聰明常被聰明誤，總是在重要關頭被外來的影響來使運氣成空，或內心有特別的想法，而使工作不賣力，或不用心工作，工作不長久，斷斷續續，有

天空、地劫

起伏不順。**命宮在午宮**，天機居廟，天空也居旺位，其人的聰明度高，幻想力旺盛，能創新，但不實際，其夫妻宮的太陽也居旺，地劫居陷，表示內心想法還重視事業，但會遭外來影響有變化。是故此人若能控制空劫的多幻想、內心不實際的問題，仍能在工作上有表現，適合做設計、創造性的工作。如果太愛發呆、太愛天馬行空而幻想多，則會為無用之人。

命宮在子宮時，天機居廟，天空居陷，其夫妻宮的太陽也落陷，而地劫居旺，這表示此人的聰明雖有一些，但內心是較陰暗，往下沈淪的，凡事會往灰色、灰暗的方面去想，也會被小人或邪佞之人影響的人，因此在機運上成空的機會更多，一生也容易工作不順利而人生坎坷。

天機、地劫在子、午宮入命宮

當『天機、地劫』在子宮或午宮入命宮時，是『劫運』的形式。**其夫妻宮也是太陽、天空**，為『官空』格局。這表示其人常有讓人出乎意外的聰明，但不一定在正事上有用，在他潛意識中常沒將工作能力放在心上，只是耍弄一些帶偏門的聰明。**當『天機、地劫』在子宮時**，其夫妻宮的太陽居陷，天空居旺，表示其人內心潛意識中較陰暗又少用腦子，常往壞處想。而本命中的智慧又常受別人影響，因此其人一生的運氣差一些，運氣也容易讓人劫走，機會差很多，心情也常不佳，易怒，愛發脾氣，情緒起伏很大。**當此命格在午宮時**，『天機、地劫』皆在廟旺之位，其夫妻宮的太陽在旺位，天空居陷位，表示此人會有特異聰明，情緒也多起伏，雖有些

天空、地劫

不實際，但能往科學，數學、文學、哲學方向發展，主貴，但也清高，不重錢財。有時候也會愛玩或不知輕重，會錯過重要的機會，十分可惜。

天機、天空、地劫在巳、亥宮入命宮

天機、天空、地劫在巳、亥宮入命宮時，三星同宮，表示頭腦確實空空，此人要不然就很天真爛漫，有點傻兮兮的，凡事不多思考，糊塗過日子，要不然就自做聰明，喜好邪佞之事，處處惹人討厭。命宮在巳宮時，因對宮為太陰居廟，表示外在的環境好、富裕，因此其人雖無任何能力，但仍有人會提供他較好的生活，有人會養他。只要命宮中不要再有化忌、祿存同宮，否則會形成『羊陀夾忌』帶『半空折翅』的雙重格局，會遇盜匪或突發的災難而亡，這是戊年、午時生，又有天機坐命巳宮的人會遇到的。

在亥宮坐命的『天機、天空、地劫』坐命者，因對宮相照的太陰居陷，故一生較窮困，本身智慧不高，能力不足，宜早點結婚，若有好的配偶，也能得到照顧生活。

※命宮有天空、地劫，在巳、亥宮同宮時，不論有無主星，其思想都不同於一般人，是特別的古怪，不合群，常有邪佞不好的思想與行為的。其人在先天上也有不足，生命資源也較虛空，容易身體多病，也會有精神方面的疾病，壽命也比一般人短。一生也是較懶惰不積極，常有藉口不工作，一生多為無用之人。有天機、天空、地劫入命宮時，表示此人一生一點運氣也沒有了，常還有奇怪的自做聰明，更把運氣糟遢光，因此只有麻煩、耗財、好吃懶做陪伴過一生。

天空、地劫

天機、天空在丑、未宮入命宮

當天機、天空在丑、未宮入命時，因天機居陷，又逢空，故其人是『運空』形式的命格，為頭腦不清楚的人。**其財帛宮會有『天同居平、地劫』，**表示有人會養他，一生靠人過日子，但也耗財凶。有時有錢可花，有時也沒錢可花。這是一個本命中財少的人，生命資源不多。如有天機化忌、天空同在命宮，會因災禍而亡。他一生頭腦空空，古怪又多是非、不順，更沒能力照顧自己的生活，是靠人過日子，也過得辛苦之人。

天機、地劫在丑、未宮入命宮

當命宮在丑、未宮，又有天機居陷、地劫入宮時，其財帛宮有

天空、地劫

天同居平、天空，表示其人有古怪的自以為是的聰明，其實為無用之人，靠人過日子也過不平順，是非更多，宜入宗教中生存。其人本命為『劫運』形式，有不合時宜的古怪聰明，財帛宮是『福空』的形式，『命、財、官』三方照會的煞星多，因此財窮，會靠人生活供養，過的也是窮日而已。

機陰、天空入命宮

當天機、太陰、天空三星同在命宮時，必在寅宮或申宮，而對宮也必有另一個地劫星出現。表示其人頭腦空空，情緒起伏更甚，環境中又是劫財較凶的環境，也會將對其人有利的所有的吉事都劫走。因此必須多用腦子，用心過日子，才能守住財。有此命格的人，多半自覺聰明的不得了，一會愛做這，一會愛做那，但都虎頭

天空、地劫

蛇尾，做不成功。情況一直重複，甚至他自己都納悶，為什麼會這樣？這主要是沒有中心思想的關係，意志力、思考、判斷能力、奮發力都無法集中在一起來發揮作用，故讓人感覺其人怪怪的，少根力，少根骨頭。天機、太陰、天空在命宮時，是『運空』、『財空』。**在寅宮時**，因天機居得地之位，太陰居旺，故空的不那麼嚴重，還有剩。**在申宮時**，天機居得地之位，太陰居平，因此『財空』的厲害，聰明還剩一些。並且當命宮為機陰、天空時，其遷移宮有地劫入宮獨坐，相照命宮，一方面表示周圍環境中有凶猛的、會暗中攻擊你的人，或是有邪佞的小人會影響你，表面上為你好，實際是暗中奪去你的錢財及利益和好運變化的人。因為你會天真看不清自己周遭的狀況，心情起伏拿不定主意，好不容易決定了，但又會是令自己失敗的決定。這是頭腦不實際，只會聽邪佞小人的話，而不聽正派的，或自己家人的建議的現象。所以遷移宮的地劫也劫你本命的財和運了。有此命格的人，要小心在外車禍嚴重，有喪命的可能。

機陰、地劫入命宮

天機、太陰、地劫在寅、申宮入命宮時，對宮為空宮，有天空進入相照命宮。這是本命就是『劫財』、『劫運』的形式，而外在環境是『空空無物』的形式，當然『空空無物』也就是『財空』、『運空』了。這表示你自己頭腦有問題，專做把運氣、機會和錢財被消耗掉和讓人劫走的事。你也看不清周圍外界的情況，常迷迷糊糊的，情緒起伏變化多端的，不想做事，也不知做什麼好的，終日頭腦不清的混沌過日子。**命宮在寅宮時**，財和運被劫後還剩一點，你

天空、地劫

會在運好的時刻仍能有些作為，賺到錢，但人生會起伏多端。**命宮在申宮時**，財和運被劫後，運氣和聰明還剩一點，但財窮了，在運好時，生活稍平順，一生作為小，成就小，在運差時，頭腦不清，災禍立見，而且較嚴重。有太陰、地劫入命的人，都要小心車禍問題，有喪命的可能，生命不長。

※倘若命宮有『機陰、陀羅、天空』或『機陰、陀羅、地劫』入命宮時，其對宮亦有另一個地劫或天空相照。表示此命格的人在智慧和思考、做事能力上有矛盾現象，他會又聰明、又笨、又會慢、又會拖。他會因自做聰明，但實際是『笨、慢、拖』而把本命的財耗空。或是因自做聰明，但實際是『笨、慢、拖』，又受外來不好的影響，把自己本命的財讓人劫走、耗光。因此狀況是比命宮中只有『機陰、天空』及『機陰、地

天空、地劫

劫』更嚴重的。是本身已非常不實際了，還加上笨的因素之故。

※倘若命宮有『天機、太陰、祿存、天空』或『機陰、祿存、地劫』時，這是『運空』、『財空』、『祿空』，是十分明顯的『祿逢沖破』。亦是『劫運』、『劫財』、『劫祿』，也是『祿逢沖破』。再加上對宮有另一個地劫和天空相照，本身已財空或劫財十分嚴重了，再加上外在環境中空、劫的力量，因此此人頭腦很難清楚了。自然工作能力、賺錢能力都受到剋制而沒有能力了。此時最嚴重的問題是被『羊陀所夾』，羊陀夾空劫，會有生命不長，有意外事故而亡，是『半空折翅』和『命裡逢劫』的格局，要早日算出流月、流日以防災。

※倘若『命宮是天空，對宮是機陰、地劫相照』，或是『命宮是

天空、地劫

地劫，對宮是機陰、天空相照』。你是地劫或天空坐命的人，也算是空宮坐命的人，你是頭腦清高、清徹，不同於一般人，環境中也有機運和財運，但是你看不到，也不一定能摸得到、用得著。在錢財方面不富裕，但地劫或天空坐命寅宮的人，官祿宮有太陽居旺，仍有很好的工作能力，命格主貴，努力於事業，錢財也會順利，有衣食之祿了。**地劫或天空單星坐命申宮的人**，你環境中的財多一點，家庭會略富裕或小康，工作能力不如前者強，也會一生不用愁，有衣食。這兩種命格的人，常會面貌有陰柔、模糊、朦朧的美，心情起伏大，也會頭腦糊塗，不知生有何意，會偏向佛道或宗教，到處找尋人生方面。如果運氣不好時，或逢巨變，也易自殺。

天空、地劫

機梁、天空入命宮

當天機、天梁、天空在辰、戌宮入命宮時，你的福德宮為空宮，必有地劫星在內。表示你本命是『運空』、『聰明空』、『官空』、『蔭空』，而且是『劫福』之人。你會一生操勞奔波，終日忙碌無比，但又忙不出結果出來。實際上你忙的事情全是不聰明、不實際，在時間點上也不行（不合時運），是沒有貴人幫助的時間點，和不夠聰明的時間點，因此你的事業和聰明根本無法發揮。所以嚴格說起來，你是一個自己認知不清，頭腦不清楚，常陷自己於不利景況，而容易做事白做，忙累而無結果，也會忙一些無意義之事的人。因為你的遷移宮是空宮，所以你也無法在環境中找到助力能幫你的忙的人。

天空、地劫

機梁、地劫入命宮

當機梁、地劫在辰、戌宮入命宮時，你的福德宮為空宮，有天空星入內。表示你聰明詭異，常突發異想，或容易聽了別人的怪理論，受其影響，而做一些使自己無福的事。福德宮有天空星時，表示其人先天腦袋很單純，腦袋空空，本身沒有什麼想法，意志力也很薄弱，對外界的資訊，完全無法過濾或辨認好壞善惡、吉凶，因此常自做聰明的以為道聽塗說來的就是好的。付諸實行，則遭禍，或根本無效，得不到什麼好處。此人一生都在這種多做、白做，用腦不多，或用古怪的，自以為聰明的方式在生活，一生奔忙，所獲不多，本命也較窮，很難致富，縱使有偏財運，但也極容易耗光錢財。此命格的人容易和宗教結緣，迷信鬼神之說。

※**如果命宮是天空或地劫星，對宮有機梁相照時，其福德宮就會有另一個地劫或天空和同陰同宮**，這是本命財少的人，周圍環境中有不算聰明（有小聰明）的長輩或貴人照顧，但天生的福祿被劫、或成空，其財帛宮也為空宮，官祿宮有陽巨。命坐辰宮的人最窮，命坐戌宮的人，如有穩定的工作，再加上有貴人相助，一生還有享受福祿的機會，可以過一般普通人小康有衣食之祿的生活。此人容易迷信宗教和鬼神之說。

天空、地劫

機巨、天空入命宮

當天機、巨門、天空在卯、酉宮入命宮時，其官祿宮為空宮，會有地劫入宮。此人會特別聰明，智商高，不實際，在工作上會有起伏不順，或不工作的現象。一生中有是非，就有財進、有工作做。無是非，便無財可進，也無工作做。其人的遷移宮為空宮，財帛宮為天同居廟，本命是『機月同梁』格，故必須做薪水族、拿月薪的工作才會順利。其人的外在環境空茫，因此常頭腦不清，不計較利益，自命清高，抓不住重要的時間和重要的目標，所以人生多劫難、不順，一生也較難有發展和成就。此人特別頑固，倘若信了宗教，會一頭鑽在裡面，啥事也不管了。

機巨、地劫入命宮

當天機、巨門、地劫入命宮時，其官祿宮會是空宮，有天空星進入。其人會有怪異的聰明，精於數理、科學方面的事務，但不一定會工作、或不一定會把高智商用在人生成就上。此人多清高、不合群、脾氣古怪，也易受人影響，或受某些學說的影響，而做出和常人不一樣的行為、事情出來。也必須有固定工作才有錢財及生活之資。此人多半家世好，有父母支撐經濟，雖無正常的事業，但可做科學家或文學家，一生以主貴為主。本命是『劫運』、『劫暗』的形式，倒是能清高的過一生了。

※如果命宮有『天機化忌、巨門、天空』或『天機化忌、巨門、地劫』時，表示命宮煞星多，會因頭腦糊塗，聰明不顯，或有奇怪的聰明，其人非常不實際，因而招災多。因官祿宮尚有另一顆天空星或地劫星，一生為無用之人，根本做不了什麼事。

※如果命宮有『天機化祿、巨門、天空』或『天機化祿、巨門、地劫』是財祿逢空或財祿遭劫，都是『祿逢沖破』。其人本命中的財會再減少。也會因為奇怪的聰明和人緣變化，使自己吉福減少，因官祿宮仍是天空或地劫，一生工作會坎坷不順利，在

財的方面少得，事業上也沒有成就。

※如果命宮有『機巨、祿存、天空』或『機巨、祿存、地劫』，也是『祿逢沖破』。其人一生運氣差、又保守、頭腦又空空、不實際。官祿宮又有另一個天空或地劫獨坐，因此一生的成就也差，工作也無著落或不長久，可享受的財祿也少。

※如果命宮為空宮，有天空星坐命或地劫星坐命時，而對宮有機巨相照的人，其官祿宮為『太陽、太陰、天空』或『太陽、太陰、地劫』。其人有中等智慧，但周圍環境中知識水準較高，一生不富裕、錢財少，在工作上也會起伏不順、多坎坷。易入宗教中發展。

天空、地劫

太陽、天空在子、午宮坐命

當命宮在子、午宮中有太陽、天空入宮，其人的夫妻宮會有天同、地劫。表示命宮是『官空』的形式，而夫妻宮是『劫福』的形式。夫妻宮也代表人的內心世界，是故這表示說，當命宮有太陽、天空時，其人會性格清高、用腦不多、不實際，對錢財不計較、內心操勞，常為一些小事煩憂，但大事卻馬馬虎虎、用心不多，一生中也會因為自己思慮不周全，和思想不實際，而事業有起伏、不順的現象。**當太陽、天空在午宮入命宮時**，太陽、天空居旺位，事業起伏升降的狀況會有一、兩次，還不嚴重，你會性格開朗、少根筋、天真爛漫，如果做公務員、薪水族，生活還過得去。**如果命宮在子宮入命**，太陽、天空居陷位，則一生事業不能開展，為人性格悶，又用心不多，腦袋空空，工作不長久，或不工作。一生成就不佳，內心還有很多煩憂和不好的念頭，也會較窮。

天空、地劫

太陽、地劫在子、午宮坐命

當命宮在子、午宮，有太陽、地劫入宮坐命時，其夫妻宮有天同、天空。表示本命是『劫官』的形式，而夫妻宮有『福空』的形式。亦表示其人自己內心沒有什麼想法，而常受外來的影響，會在事業上劫去好運，工作易斷斷續續不長久。**太陽、地劫坐命午宮的人**，因太陽與地劫居旺，因此事業起伏少一些，只要努力和用心，還會有出頭的一天。坐命子宮的人，因太陽、地劫皆在陷位，事業、工作都不長久，打拚奮鬥的意志力也較薄弱，因此成就不佳。

※有『太陽化權、天空』或『太陽化權、地劫』入命宮時，是

『官空』、『權空』或『劫官』、『劫權』的形式。以命宮在午宮時較佳，雖仍會受空、劫的影響，但本身性格強勢，愛掌權，有些權掌得到，有些權掌不到，太陽居旺時，仍掌得到權，仍會有出息、有成就，是想要努力及愛主控情勢時，就會事業有發展。不想努力，不愛主控情勢狀況時，就不會有發展。這全要看你當時的心態和思想結構是不是專注在那些想努力的事情上而定了。同時也表示在你的頭腦思想中，總有一些空茫點及對某些事物不實際的狀態時候，常讓你在關鍵時刻或重要時刻一腳踏空，有漏失。在事業上掌握的並不十分好。

在子宮居陷的太陽化權和天空或地劫同宮時，對事業和人生的主控力不強，常愛東想西想、錯失一些良機，其人也會對於一些想主控的事務有不實際的想法，而掌握得不是很好。但如果能知道太

天空、地劫

陽化權居陷的特性，再加上同宮的煞星不是太多，只有天空或地劫一個星的話，因天空、地劫是時系星，時間短，故也能在暗中、檯面下掌權，或在晚間子時的時段掌權主控事物，但效果不會很好。

※**有『太陽化忌、天空』或『太陽化忌、地劫』在子、午宮為命宮時**，表示頭腦不清、頭腦空空，或又古怪，有邪佞的、偏於正道的想法，會和男性不合，和男性社會有是非，因此一生事業不順遂。多是非和災禍，也會不工作。

※**有『太陽化祿、天空』或『太陽化祿、地劫』在子、午宮為命宮時**，表示本命是『官空』、『劫官』和『祿逢沖破』的形式，夫妻宮有天同和另一個地劫和天空，是『福空』和『劫福』的形式，此人仍性格隨和、圓滑、人緣好，凡事不計較，在工作上也能應付，賺一些固定的薪水，亦容易做公務員，但常有異

想天開之事及不實際的想法，在事業上之奮鬥力不足，會在某些時候想放棄穩定的工作，而賦閒、遊玩。命宮中若只有太陽化祿的人，桃花特多，但帶空、劫之後，桃花會減弱，但仍是有，只是其人會以奇怪的、不實際的方法來處理桃花問題，他會常離家外出一些時日，又自動回家，和外面的桃花，以及和自己老婆、家人的相處都不長久，但也不會離婚，他和任何人的感情都是平和、冷淡的，幻想新的戀情，隔幾天又覺得無趣，又會回到自己的家中。配偶也會容忍他，不以為意。

天空、地劫

太陽、天空在辰、戌宮坐命

當太陽、天空在辰、戌宮坐命時，你的福德宮會有天機居廟、地劫同宮。表示本命是『官空』的形式，而天生的想法與所能得到

天空、地劫

的收穫是『劫運』的形式。你會非常聰明、清高，有不流於凡俗的觀念、思想，但常因有意外聰明的想法出現，或因在意外機緣下的影響，例如隨便聽到的一句話，就深入你的腦海中，而使你有放棄名利的念頭。所以你的工作易不長久，或斷斷續續。因本命的官空而會影響到環境中的財空。你一生容易因聰明而失去很多好機會。也會因頭腦不實際而所獲不多。本命也是『機月同梁』格的人，是做薪水族或公務員的料，但有時也常中途離職，而帶給自己生活上的煩憂。亦會在升官、加薪之途上較坎坷不順。**命坐辰宮的人**，一生的生活型態為小康、稍富裕一點。**命坐戌宮的人**，易窮困、失業、不工作，或工作斷斷續續、不長久。

太陽、地劫在辰、戌宮坐命

當太陽、地劫在辰、戌宮入命宮時，其福德宮有天機、天空。

表示本命是『劫官』形式，而天生的想法與所能得到的收穫是『運空』的形式。你會表面看起來有狡黠的聰明，精通數理，智慧頗高，但所想的做事方法全是不易進財，容易耗財和容易漏失的，較馬虎、粗糙的方法在做事。你很聰明，但一生的機運不多，而且不會掌握機會，或是常將機會及變化看錯，有異想天開、天真的想法。常常是別人看會覺得沒利益、賺不到錢或不可行之事，他就堅信能賺錢或可行，常自做聰明做下去後又遭受失敗命運，得不到自己想要之利益，而且非常頑固，一定要做、要破耗，使家人和朋友頭痛。

天空、地劫

※當『太陽化權、天空』或『太陽化權、地劫』在辰、戌宮入命時，同時也是『權空』或『劫權』、『劫印』的形式，在辰宮太陽化權居旺，仍有掌握之能事，空不了也劫不光。但會因更頑固、或更想強力要管、要插手，或強力要在事業上打拚，卻又因思想不實際、做事方法有不周全的地方而易失敗。也會在男人的團體環境中，一會兒強勢愛管，一會兒又不想管，或是與其他男性的關係時而親密、時而冷淡、強硬，感情力量無法凝聚，故而領導、掌權的能力會時而隱沒、時而展現，無法長久，故而也無法掌握真正的權力與地位。**在戌宮，太陽化權居陷，**空、劫居旺，表示你在暗中掌權的力量還是有的，但常因思想的關係，根本不想使用它，故也看不出有何權力出來，此命格的人較懶惰、鬱悶，有時稍為計較一下，但根本無心要管

天空、地劫

事，一生清高，只是人長得略有威嚴而已。一生事業也較不順，或無工作，或投入宗教、佛道之中。

※**當『太陽化祿、天空』、『太陽化祿、地劫』在辰、戌宮入命宮時，同時本命也是『祿逢沖破』、『祿空』或『劫祿』的格式**。此人很聰明、圓滑，但其人的聰明卻是不能為其人帶來財的聰明，並且也耗財多，或在公務員、薪水族生涯中常因自己的觀念問題損失財。**命宮在辰宮的人**，損失少一點，還有利，故做公務員或薪水族，還會做一段時間，但會有中途中斷、或中年改行的情形發生。**坐命戌宮時**，太陽化祿居陷，本身財不多、更少了，再加上空、劫居旺，劫財更多，聰明古怪也更多，會失業，不工作，或靠打零工過活。

天空、地劫

太陽、天空、地劫在巳、亥宮坐命

太陽、天空、地劫在巳、亥宮坐命時，是三星一起同宮坐命。

表示此人頭腦空的厲害了，也被劫的厲害了。而且空的、劫的都是和事業、工作有關的事，以及和男人、雄性有關的事。此人的遷移宮裡有巨門星，表示此人周遭環境中很複雜，多是非及爭鬥，而他本身有很多奇怪的想法，既不想過常人一般庸庸碌碌的生活，又不想太累的去努力打拚，希望所有自己想要的東西或事物都是現成已做好的，不要再來麻煩他。他只有女性的朋友，沒有男性的朋友，即使有也不親密、沒有知心的男性朋友。和家中的男性親屬也關係冷淡。此人的工作能力差，常有很多藉口不工作。**命坐巳宮的人，**還偶而會工作，但每個工作的時間不會超過三個月，即會換工作，無法持續長久。**坐命亥宮的人**，常無工作。有太陽、劫空同在巳、亥宮入命的人，喜東跑西跑的，在家待不住，在外面又覺得煩，回家更煩，於是整日東轉轉、西轉轉，找朋友聊天，但也沒有什麼真正的朋友，一生一事無成，打混過日子而已，是名符其實的把事業劫空了，頭腦也劫空了。

※**如有太陽化權、太陽化祿和天空、地劫在巳、亥宮同宮坐命時**，權、祿都會劫空而無用，其人只有外表還威嚴、體面或外表圓滑、有人緣及桃花、口才好而已，實際仍是工作不長久、沒有能力及打拚能力，是非多、藉口多，仍是一事無成的無用之人，權、祿都浪費掉了，此人更容易招搖闖騙，行為乖僻。

※**有太陽、祿存、天空、地劫同在巳、亥宮入命時**，是事業遭劫空，與財祿遭劫空，『祿逢沖破』，羊陀相夾劫空之『半空折

翅』之格局，一生也為無用之人，且要小心在巳年或亥年逢災損命，生命不保。

※有太陽化忌、天空、地劫同入命宮時，是頭腦不清、喜行邪佞之事的人，一生無用，且還有拖累人之麻煩，更會有精神疾病，生命不長。

天空、地劫

陽梁、天空在卯、酉宮坐命

當命宮是太陽、天梁、天空時，其官祿宮是地劫獨坐。官祿宮實際是空宮，有陷落的同巨相照。表示其人在本命上是『官空』、『蔭空』，而事業運上是『劫運』的形式。亦表示此人天生腦子空空，或有奇怪的想法，做正事不行，做一些無聊的事很熱心，因此常不工作、沒有事業。他也會不重視名聲、無名利之心，也不會想到拜託別人幫忙找工作。偶而運氣好時，也會工作，也會有人介紹他工作，但一定做不長久。他自己內心很排斥這種人情關係，是故有時候接受了別人的好心幫助，也根本不領情。**命坐卯宮的人**，有時還會做一些臨時性專業性的工作。**命坐酉宮的人**，大多不工作，過閒雲野鶴的生活，自命清高的過一輩子。因為他們的田宅宮是紫微，有家財之故。

陽梁、地劫在卯、酉宮坐命

當命宮是太陽、天梁、地劫在卯宮、或酉宮時，其官祿宮為天空，有同巨相照。表示其人常有奇怪的想法，導致事業成空。其人本命是『劫官』、『劫蔭』的形式，在事業上又是『官空』的形式。此人頭腦聰明，但不實際，點子多、幻想多，但常不往好處想，或

天空、地劫

想得太複雜、最後有放棄和灰色念頭，他也經常會因外來的問題，而影響其人的事業成空、貴人也成空。是故一生不順利、多坎坷。但他並不以為意，反而覺得不做工作、或結束工作非常好。一生仍會斷斷續續做一些清高不帶財或財少的工作。**命坐卯宮的人，**會有女性長輩緣，別人也會待你好，只是你自己頭腦空空不想別人幫助你。**命坐酉宮的人，**女性長輩緣較少，易過閒雲野鶴的生活。

※當『陽梁、天空』或『陽梁、地劫』的命格中再有化權、化祿同宮時，是『太陽化權、天梁、天空』、『太陽化祿、天梁、地劫』、『太陽、天梁化祿、天空』及『太陽、天梁化祿、地劫』。

當這些命格在卯宮的話，雖是『權祿沖破』，權和祿都較少，是因思想、觀念上不想去得到，或受影響得不到，但仍會有權、有祿。只是不想就沒有，用心想就會有的形式。**在酉宮時，**太

天空、地劫

陽居平若再帶化權、化祿，加天梁以及劫、空，被劫空的情形會嚴重一些，但仍會比沒有權、祿入宮的命格強一些，雖然領導力和財祿都很薄弱了，又遭劫、空，仍會外表氣派、架勢十足，但仍為閒雲野鶴之人。也會在這個環境中稍強勢一些。

有『太陽、天梁化祿、天空』在命宮時，表示頭腦有些空，表面寬宏、不計較，但私心仍是重的人。是該用私心的時候，不用，不該用私心時又用的狀況。其人也會因為這樣，而事業不長，或沒有發展，或是在人生上或工作上有起伏、坎坷，或帶有某些包袱，其人也容易東想西想而使事情變化成空。**命宮在卯宮時**，其人的智慧和善心還非常好，但有時會做一些力不從心的事，所以事業做不長久，或做做停停、做不下去，也是必然的事。**命宮在酉宮時**，過閒雲野鶴之生活，也仍忙碌，會為生活衣食忙碌，家境較窮。會做

天空、地劫

與宗教有關之工作。

有『太陽、天梁化祿、地劫』在命宮時，官祿宮是天空，表示其人在人生中或從事的工作、事業時，常有古怪的私心，因此會阻擋了一些事業及工作機會，也會因為一些怪想法而使貴人運變調，成為帶有包袱，不太順暢的貴人運而受累。因此在事業上較空茫，看不到成果。也可能會不工作，或做不實際的工作，不是正式的員工，會做與宗教有關之工作。

※有『太陽化忌、天梁、天空』入命宮時，其官祿宮是地劫，有同巨相照。表示其人頭腦不清的厲害，有關於事業和貴人方面的問題尤其不實際。是因和男性不合所導致事業上有是非糾纏，以致於女性長輩及貴人的幫助也會落空，因此其人在事業上常是常遭耗劫，做不長久，起伏坎坷，根本不想工作，或是

縱使有工作機會，也會中途遭人劫走，以及他自己會突發奇想，腦中多是非，而躲避工作。工作會斷斷續續，做做停停，最後就根本做不下去了。

※**有『太陽化忌、天梁、地劫』入命宮時**，其官祿宮是天空，有同巨相照。表示其人在工作和人緣關係上，頭腦不清楚的厲害，在錢財上還精明，數字觀念也不差。他會因和男性不合而導致事業上之不順利和是非糾纏，以致於女性長輩及貴人的助力也易被劫走。因此其人在事業上會虛空，會做不長久，發奮力不足，沒有成就。亦會做做停停，斷斷續續或根本不工作。

天空、地劫

天空坐命，對宮有陽梁相照

天空坐命卯、酉宮，對宮有陽梁相照時，其官祿宮有天同、巨

天空、地劫

門、地劫。此為『萬里無雲』格。表示其人天生性格開朗清澈，有特殊天才型的聰明，天生也環境好，在家有長輩照顧，倍受疼愛，出外在男性的社會中有發展，又有人緣，對於女性也有吸引力，對於男女老少都有親和力，人際關係是天輔天成。他本人是重名不重利的人，也會有自命清高，為理想而奮鬥，故而在事業上、工作上會不計失敗次數，做做停停，起起伏伏，斷斷續續，高低起伏，不能持續的一直做下去。

就像　國父孫中山先生就是天空坐命酉宮，對宮有陽梁相照，其人的官祿宮就是『同巨、地劫』，且有左輔、右弼相夾，官祿宮形成『明珠出海』格帶地劫的格局。『明珠出海格』是主貴的格局，帶地劫時，就會不平靜，如浪裡行舟，顛簸流離，因此會做驚天動地的革命大事業，推翻封建，建立民國。正因為　國父的官祿宮是同巨、地劫，有好、有壞，壞的是革命常不成功，要經過十次以上才成功，這是命盤格式與時間點的問題。這也是命坐酉宮，對宮的陽梁居廟的關係。

倘若命坐卯宮，有天空坐命，對宮的太陽居平，天梁在得地之位，就不是『萬里無雲』格，其人成就會差很多，官祿宮仍是『同巨、地劫』，會一事無成，做也做不好，外界的助力不夠好，也會偏向桃花及男女情事問題上去了。不走正路，事業難有發展，根本無成就可言。

天空、地劫

地劫坐命，對宮有陽梁相照

地劫坐命卯、酉宮，對宮有陽梁相照時，其官祿宮是天同、巨門、天空。表示其人的智慧高，不重錢財，重名聲，但名聲也會起伏不定，好壞都有。命坐酉宮的人，命格略高，但此命格不成格局。其人會有怪異思想，不同於流俗，易出污泥而不染，有清名而無成就。其人的周圍環境好，有男性及女性貴人，但因自己內心有怪異想法，未必會應用這些特性和特質來創造事業和工作機會。他也會和人保持距離，未必肯接受貴人的幫助，他易棲身宗教，或靠人過日子來生活。在宗教環境中可行名有師號。命坐卯宮的人，環境更差，更易接近宗教，在佛道中安身。

日月、天空坐命

當命宮有太陽、太陰、天空入命宮時，其財帛宮是地劫，有機巨相照的形式，是『官空』、『財空』，在錢財上又是『劫運』、『暗劫』的形式。因此很容易可看出此人命中財少，在錢財上有漏洞，

天空、地劫

也會常因外來的事故耗財、敗財，理財能力很差，賺錢的智慧也不好，其人的遷移宮是空宮，無主星，是故環境虛空，更看不到財。賺錢的機會常遭人劫走。其人的官祿宮又是天梁陷落，表示在工作、職業上沒有名氣和地位，也會做一些沒有正式名位的工作，例如秘書、副手、助理、副會長之類名位較虛的工作，所以其工作職位也不會帶來錢財，在事業上成就也不高。其人會有對錢財上有不實際的想法，花錢方式和理財方式都不實際，有些天真，是故這也是財少的原因。**命坐丑宮的人**，命宮中的太陽居陷，太陰居廟，天空居平，是『官弱』的格局，本命財多一些，雖不實際，會在事業打拚能力上不實際多一些，本命所享受的財，雖因不實際而耗財多一點，但仍有留存，故有衣食之祿，還是有生活之資的。**命坐未宮的人**，命宮中的太陽居得地之位，太陰居陷，天空在旺位，是『財弱』的格局。本命財窮，最不實際的是在錢財方面的問題，在事業上的不實際還少一點。上述這兩個命格，只要有固定職業、薪水，就都能平順過日子，也能解決耗財及財窮的問題。但其人心情起伏大，工作會斷斷續續不長久，這就是致命傷了。

天空、地劫

日月、地劫坐命

當命宮有太陽、太陰、地劫在命宮時，其財帛宮是天空，有機巨相照。這表示本命是『劫官』和『劫財』的命格，因此在錢財上不易守信，也不易賺到，更會理財能力空空，常有變化及是非在內的理財型態。你的心情會起伏不定，也會受外在環境影響，有時聰明過了頭，反而形成某些機會和利益得不到，尤其在財運上的機會是容易成空的。會發生如此的狀況，有幾種可能，第一就是工作不

天空、地劫

穩定，常失業，所造成財運上的空洞化。第二種就是你雖有智慧，但性格清高，看不見你周圍的賺錢機會，對理財更是一竅不通，因此身邊常無財。第三種就是，你天生在命運中就是事業與錢財容易遇到麻煩，較坎坷不順。你也會性格陰柔，在你的生命中，太陽光和月光都會中途躲入烏雲中，人生中會有一段不順利的日子。以命宮在丑宮的人，本命中的財還多一些，被劫不完，還有生活之資，但事業不順，耗財多。而命坐未宮的人，命中財少，辛苦渡日，財和事業都會不順，生活也會窮困。

※當命宮有太陽化權、太陰、天空時，財帛宮依然是地劫獨坐。

當命宮是太陽化權、太陰、地劫時，其財帛宮是天空獨坐。這表示其人在事業上的力量雖加強，但仍會遭劫。在丑宮時，太陽化權居陷、太陰居廟，再有地劫、天空同宮，表示本命是以

天空、地劫

財多的型式，事業上只能暗中掌握較好，但會因為本身思想和觀念的問題，漏失了事業運和財運。因此在一生中會因為突發奇想或觀念的偏差，事業會有起伏，錢財常不順利，手中易摸不到錢，也易耗財凶，你在人緣上的領導力也易暗中消失。在未宮，在事業上的打拚能力還有一點，但財運甚差，本身命窮，也常因不好的觀念、思想影響，會減低打拚能力，與對錢財的掌握力，故而常在窮困之中。你仍會稍具領導力。

※命宮中有太陽化祿、太陰、天空時，其財帛宮依然是地劫獨坐。當命宮是太陽化祿、太陰、地劫時，其財帛宮仍是天空獨坐。表示你在頭腦清楚時，就會做公職，得到一些財，若頭腦空空時，就會離職，也會錢財不順了。一生中你會反反覆覆，常拿不定主意。**命宮在丑宮時**，你本身事業運不強，只是以財

為主，做公職或薪水族，職位不高，財還豐，但會有起伏，錢財始終是不穩定的，易耗財或虛空。**坐命未宮時**，其人在事業上能賺到一點錢，但極少，本命較窮，也會因為事業的起伏而錢財不順，常在窮困邊緣打轉，而且理財能力很差，愈理愈空，愈耗財。

※當命宮中有太陽化忌、太陰、天空時，其財帛宮仍是地劫。當命宮中有太陽化忌、太陰、地劫時，其財帛宮仍是天空。表示其人頭腦不清，又聰明的奇怪。凡是和事業、工作上的事有關的，都頭腦不清，因此是『官空』帶化忌、『劫官』帶化忌，再加上『劫財』、『財空』的格局。事業會不順，沒有工作，而錢財少。

※當命宮中有太陽、太陰化權、天空時，其財帛宮是地劫。當命

天空、地劫

宮中有太陽、太陰化權、地劫時，其財帛宮是天空。命坐丑宮時，太陰化權財極多，遇空劫，也不會劫光、空光。因此事業有起伏，劫財、耗財也多，但本命能掌財、主導財務，而且對女性有影響力，因此事業有起伏，錢財有變化，只是財來財去，手中流動的錢財留不住，但仍會有餘額存款。命坐未宮時，其人的事業稍好，有工作，能掌握主控的錢財少，當工作受影響有起伏變化時，財運就不順了，也會偶而有窮困狀況，此命格的人宜先明瞭自己命格上的缺失，把錢財存在房地產上，或存於家中人身上，才能彌補劫財或財空的漏洞。有此命格的人，在主宰房地產的力量上較大，但你不一定會瞭解，有時仍會賣去房地產，或不買房地產，造成錢財上更留存不住的結果。

天空、地劫

※當命宮中有『太陽、太陰化祿、天空』或有『太陽、太陰化祿、地劫』時，都是『祿逢沖破』和『官空』、『劫官』、『劫財』的形式。**命坐丑宮的人**，薪水和房地產都較多，劫不光，空不了，只怕在工作上有多次做做停停，就會耗財和錢財空虛。**命坐未宮的人**，可職位略高，錢財少，略有滋潤，只是更易財來財去，有工作就會有好的財運。但你也有時會工作不穩定、想跳槽，這也會造成錢財不順。

※當命宮有『太陽、太陰化忌、天空』或『太陽、太陰化忌、地劫』時，都是『官空』、『財空』帶化忌，以及『劫官』、『劫財』帶化忌的格局，也都是頭腦不清的人，尤其會在錢財和薪水、房地產上頭腦不清，更會與女人不合，有是非，而頭腦不清。如此一來，在工作上也會不長久，工作能力也不好，打拚

奮鬥力皆不足，此時財帛宮有另一個劫、空，是顯而易見的窮困了。

天空、地劫

天空坐命，對宮有日月相照

當命宮為天空坐命丑、未宮，對宮有日月相照的人，其財帛宮是天機、巨門、地劫。其人性情會清高、孤獨，有特殊的聰明與智慧，不同於流俗。**命坐未宮**，天空會居旺，對宮的太陽居陷，太陰居廟，其人不重財，但仍對財有敏感力，而且環境中多財，易投身宗教，有好的環境修行，若有左輔、右弼相夾命宮或遷移宮，則能受人奉養，有眾多追隨者，成名有師號。處處受人幫助，追隨著多以女性為主，但錢財上還是有起伏變化的。**命坐丑宮的人**，亦容易在宗教中棲身，但環境上較窮、財少。易自修苦練，追隨者少。此命格的人，或許也會重事業，有固定的薪水工作，做設計或自由業能發展所長。但人生中亦會有波折不順。

地劫坐命，對宮有日月相照

當命宮為地劫獨坐丑、未宮，對宮有日月相照的人，其財帛宮為天機、巨門、天空。其人也是性情清高、孤獨，有特殊聰明和智慧，不同於一般流俗的人。**命坐未宮**，地劫會居旺，對宮相照的太陽居陷、太陰居廟，環境會較富裕，但因同樣是刑財、刑官的格局，易入宗教，或工作一段時間，做做停停，不長久。**命坐丑宮的人**，亦易棲身宗教中生活，因外在環境財不豐，生活會清苦。如果生在三月、五月、九月、十一月的人，有左輔、右弼相夾命宮或遷移宮，就會有供養者或追隨者能提供財物來供養，具有領導能力，在宗教界能成名，有師號。也算是事業有成了。但人生起伏大，財運的問題也多。

天空、地劫

陽巨、天空坐命及陽巨、地劫坐命

當『太陽、巨門、天空』入命宮時，則對宮（遷移宮）是地劫獨坐。當『太陽、巨門、地劫』入命宮時，對宮有天空獨坐。這表示這個陽巨坐命的人是頭腦空空，因此外在的環境中也空無一物。這亦表示是『官空』、『暗空』的命格，以及是『劫官』、『劫暗』的命格。這兩種命格的人，都有一共通現象，就是：當他糊塗時，頭腦也空空時，想得不多時，外面的環境也空空，清潔溜溜，當他們話少，是非少時，外面的環境也空空如野。雖然這些人話多時，也是些不用大腦的話語，廢話很多，但至少他在講話時，大腦

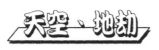

天空、地劫

還會運轉。他們的財、官二宮都是空宮，工作能力和財運都不強，因此傻傻的過日子就滿足了。此種命格的人，也多入宗教棲身，人生目標也很模糊，當一天和尚敲一天鐘的日子也很愜意。否則也會靠家人過日子。

※『陽巨、天空』坐命或『陽巨、地劫』坐命的人，如果命宮中再有太陽化權、巨門化祿，表示本身的口才流俐，對男性有主導力，本身在事業上還有企圖心，但因這遷移宮有獨坐的地劫或天空，環境空無，多劫耗，其人會目標不清楚，或沒有目標，專靠口才及甜言蜜語行騙，到處打混過日子。運好時，也能有工作，過著像人一樣的正常生活，運氣不佳時，狼狽渡日。一生也是起伏不定，終難有成就。

※命宮有太陽化忌、巨門、天空坐命，或是太陽化忌、巨門、地

天空、地劫

劫坐命的人，其遷移宮會有另一個地劫或天空星獨坐。此人會較孤獨、無用。因同時又是『羊陀夾忌』的惡格在命宮，因此生命不長，會遇災而亡，會遇男性所造成的災害而亡，在幼年時的寅、申年即性命不保，一生無事業，或不工作。

※命宮有太陽、巨門化忌、天空坐命或太陽、巨門化忌、地劫坐命時，其遷移宮有另一個地劫或天空獨坐。表示天生頭腦空空，又是非多，其人只會性格偶而開朗一些，但內心又複雜、陰暗。其人的財、官二位也是空宮，一生多災難，是非不吉，做事少根筋，工作不常，易靠人過日子，生活能力差。也會遇災而亡。

天空、地劫

天空坐命或地劫坐命，有陽巨相照的命格

天空坐命寅宮或申宮，對宮（遷移宮）有太陽、巨門、地劫相照。坐命寅宮的人較聰明，坐命申宮的人，天空居陷，會空的更厲害。這些人都會有頭腦不實際，環境中是熱鬧、是非口舌多的時候，運氣會好一點，以口才得財，倘若環境中突然安靜下來，口舌是非少的時候便無法得財。其財帛宮是機梁、官祿宮是同陰。命局是『機月同梁』格、薪水族的格局，以天空坐命申宮者，有固定工作的人，生活較順遂。以天空坐命寅宮的人，薪水較少，或無工作，生活會較苦。此人易一生起伏多端，事業也會斷斷續續，容易多遇災難，幼年窮苦，一生的生命也不長。此人易入宗教。

地劫坐命寅、申宮，對宮有太陽、巨門、天空相照時，思想會

較偏激，周圍環境也是熱鬧多，是非多時，會運氣較好，安靜無人時，較運衰財窮。其人常會受外來的影響而產生不好的想法，而遺漏或損耗了一些和事業和金錢方面有關的利益。此人易接近宗教，或在宗教中安身。

天空、地劫

武曲、天空坐命

當命宮是武曲、天空坐命辰、戌宮時，表示你本命是『財空』的形式，會在你的福德宮有破軍、地劫出現，這是『劫耗』的形式，因此你就會知道你本命的財是不多的了，進財是空，錢財遭劫財，耗損的又多，自然會財不豐了。因此天空、地劫在你的命格中是規格化了你的財，要比一般武曲坐命者的財要少許多。

當武曲、天空坐命宮時，你會對財的敏感力不強，或有時清高，看不見財，賺不到錢，或是不知怎麼去賺大錢。因此你會對錢保守，但又破耗多，存不住錢財。有時更不容易進財，常常明明是有一筆錢財要進來，但中途成空。你的遷移宮有貪狼，表示周圍外在的環境有很多好機會可賺錢，但你總是看得到、摸不到錢，久而久之以後，你也懶得想賺錢之事了。你會天生辛勞，能享受的財少，辛苦奔波，所獲不多。

武曲、地劫坐命

武曲、地劫坐命辰、戌宮的人，其福德宮會有破軍、天空。本命是『劫財』形式，而福德是『耗空』形式。因武曲在辰、戌宮居廟位，遇地劫、劫財，劫不光，還會有財。但自己享受得少，會因為他人或其他事物而耗光。一生中必有一次以上的失敗經驗，遭逢大破耗或破產。

武曲、地劫坐命的人，是看得到財，也容易摸不到財的人。一種是被人直接把財劫走，例如受騙、或被人借走錢，要不回來。一種是自己有怪異的想法，明明看到有錢賺，但會有怪想法不賺，或走偏路去賺，因此忙了半天還賺不到，功敗垂成。這也是本人原就不具有能收獲多、享福多的特質的命格使然的狀況。因此，這也是命中財的規格少，不那麼富裕的原因。

天空、地劫

武曲化權、天空或武曲化權、地劫坐命

當武曲化權、天空為命宮時，其福德宮有破軍、地劫。當武曲化權、地劫為命宮時，其福德宮為破軍、天空。

命宮為武曲化權、天空，是『財空』、『權空』的形式。本來是

天空、地劫

對錢財和政治具有極強的掌控力量，但現在不一定掌控得到了。會因為思想清高或故意不掌控，而權力、財運失去效應。不過武曲化權是居廟的，仍會有得到錢財的強勢力量，只不過會經常失手，且有勞碌、損耗，享受不到實質利益的狀況出現。一生多傷災，也易因受到刺激而入宗教中生活。

命宮為武曲化權、地劫，本命是『劫財』、『劫權』（劫印）的形式，但因武曲化權居廟位而劫不光，仍 對錢財有主控力，能賺大錢，但會遭劫耗少一點。有時，你也會想法奇怪，而不運用你對錢財的強勢力量，就賺不到錢了。也會權力突然遭劫走，而大權旁落。福德宮有破軍、天空，是『耗空』的形式，因此耗財凶，更易勞碌、身體不佳、壽命不長。

天空、地劫

武曲化祿、天空或武曲化祿、地劫坐命

武曲化祿、天空或武曲化祿、地劫坐命，都是『祿逢沖破』再加『財空』或『劫財』的格局，因此這兩個命格的財祿會較少了。但武曲化祿因在廟位，化祿也在廟位，逢劫空，仍劫不光，還有剩。故其人會圓滑愛財時，就有財，不圓滑不愛財時就無財。更會腦袋空空，或有怪異思想劫入時就破財凶，也賺不到錢。雖然你的遷移宮中有貪狼化權，表示在環境中有許多好機會可掌握，但福德宮有破軍、地劫或破軍、天空，表示本命中是破耗大，享不到福的，是故你有再多的錢財，再好的打拚能力與機運，都會是過眼雲煙，格局不大了，並且暴發運不發。

天空、地劫

武曲化忌、天空或曲化忌、地劫坐命

命宮有武曲化忌、天空或武曲化忌、地劫在辰宮時，其福德宮有破軍、地劫或破軍、天空。其遷移宮是貪狼、陀羅。這兩個命格的人，都是頭腦不清楚的人，對錢財都搞不清楚，同時也是命中財少、又多錢財是非的人，一生的為財而苦，想要財而得不到，也會清高不愛財。

命宮在戌宮有武曲化忌、陀羅、天空或武曲化忌、陀羅、地劫的人，頭腦更是轉來轉去、攪來攪去，在錢財上攪出更多的是非，又破耗多，把錢財都耗光，享福也少，時時財窮、在錢財是非中打轉的人。

表面上看起來武曲化忌居廟，仍有一些財，但有錢財是非糾

天空、地劫

纏，再有空、劫同宮後，連最後一點的財都會成空。所以根本不容易摸得到財。代表本命享用的福德宮，又是『耗劫』、『耗空』的形式，財的來源就枯竭了，命宮中的財又是帶是非麻煩，又多奇想、觀念有偏差的財，得財更不易。**命坐辰宮時**，外界環境中好運又蹉跎，機會又不順了。所以限制了整個命格財運的規格大小，是一個奔波無所獲的人。

命坐戌宮的人，雖然有些笨，又會有怪思想、念頭，會受人影響，本命中又破耗沒錢，但周圍環境中仍有好運機會，故有機運的錢財可賺，但本命財少，財來財去，自己享用的也不多，也是一個奔波勞碌、終日解決錢財問題的人。也會傷災更多，不但本命受到刑剋，更會刑剋到財的部份，也會刑剋到生命資源（健康）的部份，易生怪病或癌症。

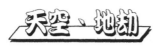

天空、地劫

武貪、天空坐命

武曲、貪狼、天空在丑、未宮入命宮時，其人的財帛宮是廉破、地劫。表示本命是『財空』、『運空』的形式，但武貪同宮時，俱在廟位，財多、運氣好、空不光，還有剩，故還是有財、有運的。只是有天空星同宮時，會頭腦空空，有時候會不去把握而已。其人財帛宮是廉破、地劫，是『劫官』、『劫耗』的形式，表示理財能力差，是用盡腦子，仍然被劫財和耗光。所以你容易周轉過日子，一生都在錢財問題中打轉。暴發運也不易發，你也易入宗教過生活。

天空、地劫

武貪、地劫坐命

武曲、貪狼、地劫入命宮時，其人的財帛宮是廉貞、破軍、天空。表示本命是『劫財』、『劫運』的形式，但武曲、貪狼皆在廟位，會劫不光，還有剩。但理財能力不好，沒有理財觀念及理財智慧，對錢財頭腦空空，因此易破耗成空。並且也容易找不到賺錢的方法，一生的工作、事業，會有起伏不順。你常會受到外界的影響，失去財運或工作機會。也容易莫名其妙的花大錢和耗財，暴發運也不易發，也易入宗教中過生活。

※武曲化權、貪狼、天空坐命，或武曲化權、貪狼、地劫坐命時，是『財空』、『權空』、『運空』及『劫財』、『劫權』、『劫運』的形式，表示你們主財的力量還很強，也有好運，劫不

空，也耗不光，還剩很多。但是你們的財帛宮依然是廉破、地劫，和廉破、天空。財帛宮是『劫官』、『耗劫』、『官空』、『耗空』的形式。理財能力還是很差，而且其人在花錢、使用錢及賺錢上就自有一套理論。這些理論就是促使他在錢財、財富上破耗的最大原因了。此人的暴發運不一定發，常不發。若是發了，也會有一個大漏洞正等著填下去。

※武曲化祿、貪狼化權、天空坐命，或武曲化祿、貪狼化權、地劫坐命時，這兩個命格因主星較強勢，常常人們就忘了劫、空的存在。這主要是財和權都是重量級的結果，不會完完全全空光和劫光。因此會讓人沒注意到劫、空的影響。但在他們命格中還是有些不實際的問題，或是突如其來的聰明，導致在錢財上有漏失和耗財，以及好運稍損。他們的財帛宮依然是『廉

天空、地劫

破、地劫』或『廉破、天空』。表示人生一破，破就破在錢財上，因此，錢財仍留不住。此命格的人，雖本命就是最強勢的偏財運格，但帶有天空、或地劫，也不一定會爆發，就算是爆發了，暴落的速度也更快。

※武曲化忌、貪狼、天空坐命或武曲化忌、貪狼、地劫坐命時，其人頭腦空空或是受他人影響到的就是『財』的問題，錢財上不順利且多是非，但是好運尚未磨光、耗光，還有一點。此人在人生的單門上，就是錢財問題。一碰到錢財問題，其人的思想就古怪了，所以和財運相關的問題都會不順。因此事業也會不順，會賺錢少，也容易工作斷斷續續。

※武曲、貪狼化忌、天空坐命或武曲、貪狼化忌、地劫坐命時，是『財空』、『運空』帶化忌，和『劫財』、『劫運』帶化忌的格

局。其人的財帛宮仍然是『廉貞、破軍化祿、地劫』或『廉貞、破軍化祿、天空』，此人之人生問題在於運氣不佳，有古怪的運氣，而使自己一生的財運不多。其人會性格保守、頭腦空空，工作能力差、不積極、馬虎、性格古怪、思想另類，而賺錢少，一生會較孤獨、窮困，靠借貸維生，易遇災、生命不長。也會入宗教安身。

天空、地劫

天空坐命，有武貪相照的人

天空坐命丑、未宮，有武貪相照的人，其財帛宮是天相陷落、地劫。表示其人有特殊的聰明及想法，他周圍的環境還不錯，但理財能力很差，會為某些事辛勞，享不到福，也會斤斤計較過日子，但又不知自己追求的是什麼，再高的智商與聰明最後好像都沒用，無法放在生活上用。你的偏財運逢武貪的流年會發，這也表示在你的環境中多好運和財運，但你無法抓得住，仍常鬧窮。

※火星、天空坐命，有武貪相照的人，其財帛宮也是天相陷落加地劫，本命是『火空』、『刑空』格局，雖然環境中有財有運，但頭腦古怪、墜落招災的速度更快，常是突然不想做、突然失去一切的人。也會突然喪命，逢火則不吉。一生事業難成、坎坷、耗財。

※擎羊、火星、天空坐命，有武貪相照的人，也是『刑空』形式。命格中以擎羊居廟為主，是強力好爭，又突然失去一切或突然失去爭的力量的人，一生成敗起伏多端，想爭的時候好一點，不爭的時候會失去一切，其財帛宮仍是天相陷落、地劫，故一生為窮命。

天空、地劫

地劫坐命，有武貪相照的人

地劫坐命丑、未宮，有武貪相照的人，其財帛宮是天相陷落、天空。表示其人有特殊古怪的聰明，但容易受影響，你外在的環境有財有運。但你的理財能力差，而且很難享受到財。你也會花大錢、破耗多而不皺眉頭，但本命的財少。一生勞碌，生活不穩定，手邊的錢財少，生活不富足，你的偏財運要逢流年走武貪運時才會爆發。這也表示在你的周遭財運和機會仍多，但你不一定能把握得住。

武曲、天相、天空及武曲、天相、地劫坐命

當武曲、天相、天空坐命在寅宮或申宮時，對宮（遷移宮）會

天空、地劫

有破軍、地劫。當武相、地劫坐命在寅宮或申宮時，對宮會有破軍、天空。這是『財空』、『福空』、『印空』以及『劫財』、『劫福』、『劫印』的形式在命格中，而周圍環境是『耗劫』或『耗空』的形式。此人本命是帶財的福星，會理財，但有空、劫入命，再加上另一個劫、空在對宮相照，在遷移宮中和破軍耗星同宮，更增加了外在環境中的破耗成空的力量。因此這個帶財的福星之財力和福力都減低很多。此人會思想不實際，周圍的環境就是破洞，本身又沒有能力和智慧填平它，本身的打拚力和奮鬥力都不足，會好高騖遠，工作有起伏不順，人生的目標不明，或是愈打拚、破耗愈大。工作會做做停停，也會不婚或晚婚、離婚，人生會空洞或混亂，幸好他們有好的父母可依賴過活。

天空、地劫

武殺、天空坐命及武殺、地劫坐命

當命宮是武曲、七殺、天空坐命時，其官祿宮有紫微、破軍、地劫。表示本命是『財空』、『殺空』的形式，也是『因財被劫』又逢空的形式。其官祿宮是『劫官』、『耗劫』的形式。因此此人命中財少，智慧也不高，事業也會不順利，或有事業的空洞，他也會不想做事，或做一些無利可圖的事，命裡劫財太多。

當命宮是武殺、地劫坐命時，其官祿宮是紫微、破軍、天空。表示本命是『因財被劫』又再遭劫，有雙重劫財。在事業上又是『官空』、『耗空』的形式。因此其人命中財很窮，會多遇災難，而影響事業做不長久。會在宗教中棲身。

上述兩種命格都會頭腦不清，思想偏頗，賺錢不易，爭財爭不到，有傷災，開刀及車禍，會影響壽命，也易寄身宗教之中。

武破、天空、地劫坐命

當武曲、破軍、天空、地劫四星同在命宮時，是『因財被劫』又遇劫空，命中被劫財劫得厲害。因此此人多半會為僧道之人，寄身宗教之中。你會不重錢財，為人孤獨、不合群、性格懦弱，但會有哲學、數學方面的聰明、智慧，也會喜歡科技，即使在修道院中，你也會精通電腦、擁有手機這些屬於高科技的東西。你的人生起伏多端，壬年生的人，有武曲化忌、破軍、地劫、天空坐命亥宮，有『羊陀夾忌』逢劫空，定有災，不善終。坐命巳宮的人，會有折射的『羊陀夾忌』，也要小心，以防災禍、車禍或爭鬥性的武力攻擊而喪生。

天空、地劫

天同、天空或天同、地劫坐命卯、酉宮

當天同、天空坐命卯宮或酉宮時，你的官祿宮有天機陷落、地劫。表示本命是『福空』，官祿宮根本是『劫運』形式。因此此人有特殊的聰明，但對正事用腦不多，在工作上更沒有能力與運氣，反而會利用是非口舌來掩飾自己的無能。其人一生工作時期很短，可能根本不工作。

當天同、地劫坐命卯宮或酉宮時，官祿宮是天機陷落、天空。表示本命是『劫福』的形式，而事業上是『運空』的格式。此人一生多奇怪的聰明，或受外界影響而操勞，但在事業上、工作能力的聰明度很差，幾乎很白癡，因此其人一生無法有好的發展，常不工作，或工作期很短，也賺不到薪水。亦會工作做兩天，就不做了，

也拿不到錢。

天空、地劫

天同、天空或天同、地劫坐命辰、戌宮

當天同、天空坐命辰或戌宮時，你的福德宮是太陽、地劫。這表示命宮是『福空』的形式，而福德宮是『劫官』的形式。**命坐辰宮的人**，命宮中的天同居平、天空居陷。福德宮的太陽居旺，地劫居旺。表示命宮是『福空』深一點，而天生的福氣享用中，『劫官』輕一點，劫不光的，故其人在事業上仍能享受到一些成果。而且其人的個性較開朗，有特殊聰明，有些勞碌，但人生仍能有些結果的。**坐命戌宮的人**，命宮中的天同居平、天空居旺，福德宮的太陽居陷、地劫居陷，因此其人表面看起來福氣空的不多，實際更是勞碌終生，並且一無所得，人生較晦暗。其人先天就性格陰暗、乖

天空、地劫

達、較孤獨、不合群。因此一生的結果不佳、無成就，也容易被是非牽扯，落在社會的底層。

當天同、地劫坐命辰、戌宮時，其福德宮是太陽、天空。表示本命是『劫福』形式，而福氣享用是『官空』形式。這也表示此人天生有奇怪的想法，而且常受人影響，造成自己無福和勞碌，而在工作上常不順利或落空，會起伏多端。**命坐辰宮的人**，因福德宮的太陽、天空皆居旺，表示一生的結果還不錯，性格也開朗，人生結算下來還有一些工作成績，只是多勞碌、思想不周詳而已。**命坐戌宮的人**，也會勞碌，但人生的最後成果不佳，其性格也較陰暗，容易懶惰不想工作，或常換工作。

天空、地劫

天同、天空、地劫坐命巳、亥宮

天同、天空、地劫三星同在巳、亥宮同宮出現時，是福氣真的被劫光，真空了。雖然此時天同是居廟位的，但也被劫光了。有此命格的人，有時候看起來又很聰明、有時候又迷迷矇矇的、頭腦不清、不知輕重的樣子，小時候就懵懂好騙，其性格倒是溫和乖巧，但總好像活在自己的世界之中。因為『劫福』劫的太厲害，容易有發育遲緩症，或先天性精神上之疾病。而且小時候較難養、多病災，十二歲以前都要小心逢災喪命。

命坐在巳宮的人，天同居廟，劫空在旺位，但天同五行屬水，在巳宮仍是很弱，故此命格是『劫空』較強勢的命格，其人智商高，份外聰明，能在科學、哲學、文學領域發展。但一生未必能工作，也許讀書讀得好而沒有用。

命坐亥宮的人，天同居廟，又在水宮，天同特旺，福多一點，劫空在陷位也凶悍一點，其人愛享福一點，也會用怪點子享福，讓人訝異，覺得又笨又聰明，一生起伏，能做的工作不多，也會不工作。

同梁、天空或同梁、地劫坐命

當天同、天梁、天空坐命寅宮或申宮時，其對宮（遷移宮）中有地劫獨坐相照命宮。表示本命是『福空』、『官空』、『蔭空』，而外界環境中是遭劫的環境。因此此人容易糊塗，對外面的世界中好的事情都什麼都看不到。自己有時卻是異想天開，看到一些不實際、不可能會成功的事，他常常自己矇閉了自己的眼睛，只用幻想來看

天空、地劫

事情或外面的世界，所以他眼睛的焦點是和常人不一樣的。也就是天真多一點、不實際又多一點性格的人。因此一生也起起伏伏，常會在工作上不順利，或常換工作，沒有人生目標。

當天同、天梁、地劫坐命宮時，其遷移宮有天空星相照。表面看起來此人十分聰明，但他外界的環境始終是『空無』的，因此他常把握不住什麼東西，包括了機會、金錢、工作、婚姻。有時也會晚婚或不婚，或是結了婚又莫名其妙的離婚，也會莫名其妙的離職。『同梁、天空』坐命或『同梁、地劫』坐命的人，要靠行運才能改善他這種不實際的狀況。大運好的時候，他也能積極有所作為，也能頭腦清醒，找到自己想要的目標。其人亦需早日結婚，有人督促，會較有成就。

天空或地劫坐命，有同梁相照的命格

當命宮在寅宮或申宮，有天空坐命，對宮有同梁、地劫相照時，表示你是一個性格溫和，凡事想的不多，對於日常生活中的細節和人情世故不瞭解也不注意的人。你容易活在自己的理想和幻想之中，也容易人生沒有目標。常容易做事不成功，也容易常換工作。因為命、遷二宮有空、劫相照的關係，所以頭腦常迷濛不清楚。以致於在外在環境中有許多利益和好處，你都掌握不到。**命坐申宮的人**，遷移宮有天同居平、天梁居廟、地劫，一生辛勞，財少，仍過得去。貴人運尚餘很多，故還有人會幫助及照顧你，但你不一定會去使用這些關係。**命坐寅宮的人**，遷移宮是天同居旺、天梁陷落、地劫。表示你愛享福，但不一定享得到福，命中無貴人，

天空、地劫

一生愛偷懶但辛勞度日，錢財窮困。

當命中有地劫在寅、申宮坐命，有同梁、天空相照時，表示你是性格溫和、思想略為怪異的人，常會有反面、負面的、或灰色、邪佞的思想，常對外看空、看淡，沒有人生目標，或目標訂的太不實際，有異想天開的狀況。你容易孤獨不合群。工作有起伏不順，或自己常放棄，又另尋出入。**命坐申宮的人**，較重名，且有貴人運，但你不一定會朝這方向走，也不一定願意接受貴人提拔、幫助。**命坐寅宮的人**，較愛享福、愛玩，但也不一定能真享到福，一生財少、工作不長久。這兩種命格的人，都易安身在宗教之中，過清閒生活。

同陰、天空或同陰、地劫坐命

當天同、太陰、天空坐命子、午宮時，其夫妻宮有地劫獨坐，表示本命是『福空』、『財空』的形式。夫妻宮是『遭劫』形式。**命坐子宮的人**，天同居旺、太陰居廟、天空居陷，因同陰俱在旺位、廟位，故福不空，財也不空，尚可享受到一點財和福。只是常頭腦空空、用心不多而已。其夫妻宮有地劫，表示內心中常受外來的觀念思想侵擾、內心不平靜，這也會因為想東想西、想的多，但全想一些不重要、不實際的事，自尋煩惱多，而影響婚姻，會晚婚，或不婚。或只想享受愛情而不結婚，或因其他的問題盤繞心頭而不結婚，也會結了婚又離婚，失去婚姻，內心是孤獨形式，一生在感情上多不順利。

天空、地劫

命坐午宮時，因天同、太陰皆居陷位，再加天空，財、福都空洞的厲害，會更突顯了夫妻宮的地劫的效應。這是頭腦空空，又古怪的想法，容易受壞的影響，產生壞的決定。因此容易自己不努力，也不想得到什麼，凡事無所謂。對於自己的人生也不會太在意。對於工作也會做做停停，一生較窮困無財。

當天同、太陰、地劫坐命子、午宮時，是『劫財』、『劫福』的形式。其夫妻宮有天空，感情較空洞、用腦不多。**命坐子宮的人**，本命的天同、太陰皆居旺位，地劫居陷位，會劫財福，但仍會有剩餘。會受外界影響而內心放棄一些目標和利益。其人容易晚婚、不婚、工作會起伏不定，人生的目標不確定。**命坐午宮時**，同陰居陷，地劫居旺，本命窮，又有怪想法，又會受影響、內心較空虛，也不容易得到想要的東西。一生較窮、較虛空。婚姻問題也易成空，會不婚或離婚。

天空、地劫

天空坐命或地劫坐命，有同陰相照

當天空坐命子、午宮，對宮有天同、太陰相照時，其人的夫妻宮有天機、天梁、地劫。**以坐命午宮**，天空居旺，對宮的同陰也在旺位為最佳。表示本命清亮、環境又好、會清高、一生優遊自在、不會為俗事煩惱，不受拘束，他會自由自在、不會被工作拘束，會做自由業、清高、脫俗的行業。**坐命子宮的人**，因環境較窮、一生起伏窮困，會辛勞度日，但工作也不長久。此命格的人更易入宗教中生存。

當地劫獨坐子、午宮，為命宮有同陰相照時，其夫妻宮有機梁、天空，以坐命午宮者為佳，其外在環境平和多財，亦會做清高、重名譽的行業，也喜歡無拘無束的生活。坐命子宮的人，因外在環境較窮，頭腦想法怪異，一生起伏多變化，較辛勞窮困，工作能力也不強，可能不工作。

上述四種命格的人，都容易與年長於自己的、十分聰明的配偶結婚，而受到照顧。亦可能突然腦袋不清而離婚，老年孤獨或入空門生活。

天空、地劫

同巨、天空或同巨、地劫坐命

當命宮是天同、巨門、天空坐命時，其財帛宮是地劫。表示本命是『福空』、『財空』，而手中的錢財常遭劫。此人表面溫和、懦弱，常頭腦空空、無福，工作能力也差。身旁常有是非，其人性格也無常。但奇怪的是，當他被是非所煩的時候，還會進一點財，沒

天空、地劫

有是非糾紛，很安靜、清爽時，便無財。其人易依賴他人過活，耗財很凶，會聽信他人之言而耗財、易受騙、也愛騙人。但都是騙些小錢。其人大的聰明是沒有的，只有小聰明和鬼怪的聰明。命坐丑宮的人有配偶賺錢給他花。命坐未宮的人，配偶也窮，一生窮困度日，沒有發展。

當命宮是同巨、地劫時，其財帛宮是天空獨坐。表示本命是『劫福』、『劫暗』。手邊的錢財常『空虛』。此人表面溫和、懦弱，常有小聰明、又會受人影響，再自做聰明而偷懶。工作不努力，常不工作，而手中總是掌握不到錢財，因此十分痛苦，會靠人過日子。命坐丑宮的人，有配偶供給金錢花用。命坐未宮的人，配偶也窮，全靠父母接濟，一生窮困無財。

這些命格中，即使是『明珠出海』格再加空、劫，也會因自己一時抉擇失敗、失策而遺憾終生。

天空坐命或地劫坐命，有同巨相照的命格

當命宮是天空坐命丑、未宮，對宮有同巨相照時，其財帛宮有太陽、天梁、地劫。因此本命是『逢空』之命，而手中錢財是『劫官』、『劫蔭』的形式。表示你會在事業和升官主貴的路途上有缺失，減少了貴人運而命裡逢空，得不到想要的東西。以**命坐未宮的人**較好一點，因為天空在未宮是居旺，有特殊的聰明，只是不實際而已。其財帛宮的陽梁居廟，遇地劫來劫財，劫不完。在錢財上仍有貴人來幫忙介紹工作或提供財物花用。**命坐丑宮的人**，因天空在丑宮落陷，而財帛宮的太陽居平、天梁居得地之位，再遇地劫，工作不長久，也易錯過貴人的幫助，會錢財少，工作不順，一生生活

較苦。

地劫坐命丑、未宮，有同巨相照的人，其財帛宮是太陽、天梁、天空。表示本命逢劫，手中錢財是『官空』、『蔭空』的形式。**命坐未宮的人**，命稍好，財官二宮較好，財帛宮的陽梁居廟，再遇天空、劫不完，但會有長輩貴人帶財來。而且官祿宮是太陰居廟，如有『陽梁昌祿』格，更可有做為。但『命裡逢劫』的人，一生是多起伏的，縱然有主貴的命格，時間也不長。**命坐丑宮的人**，財帛宮是太陽居平、天梁居得地之位，天空居平，官祿宮的太陰居陷，故工作不長、生活易窘困。

廉貞、天空或廉貞、地劫坐命

當廉貞、天空在寅宮或申宮入命宮時，其遷移宮中有貪狼、地

天空、地劫

劫相對照。**當廉貞、地劫在寅宮或申宮入命宮時**，其遷移宮有貪狼、天空相照。

當命宮是廉貞、天空坐命時，其形式是『官空』的形式，而遷移宮是『劫運』的形式。其人會因為異想天開，有不實際的想法，或思慮不周全而在自己的環境中好運被劫走。所以這個人本身的智謀是不足或天馬行空的，或是好高騖遠的，因此讓好機會溜走了。如此一來，他一定會在人生中有一些起伏不順的事，也會在事業上有波折、或做做停停。亦會不婚或離婚。

當命宮是廉貞、地劫坐命時，本命是『劫官』的形式，而遷移宮是『運空』的形式。其人會有特殊怪異的謀略方式來想事情，也會做暗中的手腳多一點的動作，但常為畫蛇添足的做法，總是搞不清實際狀況，不能感受環境中好運到底在那裡，和如何得到好運，因此會讓好運溜走成空。這也會使他在人生重要的關鍵點時容易做錯誤的決定，而害了以後的人生，經歷沒辦法向上增高。亦會影響事業、工作不順利，以及不婚、婚姻不幸或離婚。此人會迷信鬼神、宗教、作法之說。

廉府、天空或廉府、地劫坐命

當命宮中有廉貞、天府、天空時，其福德宮有貪狼、地劫。當命宮中有廉貞、天府、地劫時，其福德宮有貪狼、天空。

廉貞、天府、天空在命宮時，為『官空』、『財空』、『庫空』、『囚空』的形式，因廉貞居平再遇天空，故真的智慧謀略只稍具形式，但幾乎沒有了。天府居廟，遇天空，空不完，故還有剩，財庫中還有很多財。其福德宮是貪狼、地劫，是『劫運』的形式，表示

天空、地劫

天生好運氣容易遭劫走。因此你本命的財，就會因一些空茫時刻，腦袋不清楚的時刻而耗財或賺不到財。本命財庫的財，一方面在耗損，一方面進不了財，豈不是會愈來愈減少了，所以要小心留存財，及隨時注意福氣的變化為最要緊。若有其他的刑星時如羊、陀、火、鈴同宮時，刑財、刑庫更凶，會窮、存不住錢。

當命宮是廉府、地劫時，福德宮是貪狼、天空。本命是『劫官』、『劫財』、『劫庫』、『劫囚』的形式。而福德宮是『運空』的形式。其人本命的智慧不高，但會有怪思想，也易受人影響，本身的財會遭耗劫。是忙了半天終究一場空的狀況，因為怪思想，使自己的好運成空，或根本不想有好運，也不怕被劫財，因此本命的財庫就不斷在耗損之中。若再有其他的刑星、煞星，傷災、車禍，會劫去生命。例如有『廉殺羊』、『廉殺陀』格局時，會車禍身亡。

天空、地劫

廉相、天空或廉相、地劫坐命

當命宮是廉貞、天相、天空坐命子、午宮時，其夫妻宮有貪狼、地劫。表示命格是『官空』、『福空』、『印空』。夫妻宮是『劫運』的形式，其人是性格溫和、有時做事會馬虎、理財能力不強，在主導事務上無法有主控力量、內心打拚的衝動也會減弱，凡事不太貪心了，或是有些清高、不合群，有些事不想做，有些錢不想賺，亦會晚婚或不婚，一生的工作也有易起伏或不順。

當命宮是廉貞、天相、地劫坐命子、午宮時，其夫妻宮是貪狼、天空。表示命格是『劫官』、『劫福』、『劫印』的格局，其夫妻宮是『運空』形式。其人頭腦多古怪的聰明，會受人影響而不利於事業，智慧會不足，做事會沒法子主其事，負不起責任。自然在處理事務上和理財能力上都是不足的。其人內心所想的事就是最好少做就好了，所以是機會缺缺的『運空』形式。

廉殺、天空或廉殺、地劫坐命

當命宮中有『廉貞、七殺、天空』在丑、未宮時，其財帛宮必是紫微、貪狼、地劫。

當命宮在丑、未宮是『廉貞、七殺、地劫』時，其財帛宮必是紫微、貪狼、天空。

當命宮是廉殺、天空時，財帛宮是紫貪、地劫。表示本命是『官空』、『殺空』的形式，而財帛宮是『劫官』、『劫運』的形式。此人會智慧不高，又多幻想、性格頑固、強悍、損耗多，而且在錢財上理財能力不實際，財運不是頂好，只是努力使其平順的狀況，但時有破耗。此命格的人易入宗教道佛之門。

當命宮是『廉貞、七殺、地劫』時，財帛宮是紫貪、天空。表示本命是『劫官』、『劫殺』的形式，財帛宮是『官空』、『運空』的形式。此人會命中刑耗多，不但耗財，也多傷災，其人易受人影響。尤其是不好的事最易受影響而多災。在錢財上，運氣不是很好，常會落空，其人只是力求打平而已。而且其人容易凡事從負面去想、剛愎自用，以致於好運成空，在錢財上也未必會順利的了。一生容易多災和工作有起伏，有此命格的人易入宗教及佛道之中。

天空、地劫

廉破、天空或廉破、地劫坐命

當命宮是『廉貞、破軍、天空』時，其官祿宮是武貪、地劫。

當命宮是『廉貞、破軍、地劫』時，其官祿宮是武貪、天空。

天空、地劫

命宮是『廉貞、破軍、天空』時，是『官空』、『耗空』、『智慧空』的形式。官祿宮是武曲、貪狼、地劫，是『劫財』、『劫運』的形式。這表示其人容易四大皆空，頭腦不實際，容易做一些異於常人之事，也喜歡過一種異於常人的生活，於是在事業上有許多好運、財運都會被劫走少出現了，但這些好運和財運不一定全劫光，還會剩，因此此人會從事一些和一般人不一樣的工作。他容易出家，很可能在宗教界中有好的發展，有事業。也會大膽的投資做生意，但必有敗局。失敗的時候，下場就很慘了，會自殺身亡。

命宮是『廉貞、破軍、地劫』時，是『劫官』、『耗劫』的形式。其官祿宮有武貪、天空，是『財空』、『運空』的形式。這表示其人有特異古怪、不同於一般人的聰明，也易受人影響，有出世的思想，會在宗教中發展，做宗教事業較會有興趣和成就。做一般正常性的工作，會不長久。其人一生多遇大劫難而看破紅塵，也會本身孤獨、六親無靠，有破碎家庭，一生坎坷。

天空、地劫

廉貪、天空、地劫坐命

廉貞、貪狼、天空、地劫坐命宮時，是子時或午時生的人。子時生的人命坐亥宮，午時生的人會命坐午宮。此命格的人，命宮中的廉貞、貪狼俱陷落，再加上天空、地劫。其人在長處上可說是一無所有了。但有時又很聰明得古怪，一生都不討人喜歡、沒有人緣、言語不實、多幻想、多說少做、挑剔別人、不要求自己、喜行邪佞、做正事又腦袋空空、不想多用腦筋，一生是棄祖離家，易被遺棄，顛沛、勞碌、經濟上不富裕、耗財多、易為下賤孤寡之人。命坐亥宮，壬年生有祿存同宮，但為『羊陀相夾』，亦為『半空折

天空、地劫

翅』之命格。亥年有災，會損命。丙、戊年生人，命坐巳宮，亦為『羊陀相夾』，亦是『半空折翅』的命格，尤其是丙年有廉貞化忌，又為『羊陀夾忌』，又夾空劫，因此定有凶險災難，遭賊人或因血光而喪命。

癸年生，命坐亥宮，有廉貞、貪狼化忌、陀羅、天空、地劫同宮者，『廉貪陀』本是『風流彩杖』格，再帶化忌與劫空，表示在亥年有大災禍，因一次男女色情、邪淫事件而全部結束了。有時候是生命結束了，有時候是事業和人生的努力都結束了。大運、流年、流月三重逢合會生命結束。一般流年、流月中是事業、財運和人生中的好運結束，必須重新再來，你已落入社會的最低層，被人們所唾棄了。

天空、地劫

天空、地劫坐命，有廉貪相照

當命宮是天空、地劫雙星同坐命於巳宮或亥宮，而對宮有廉貞、貪狼相照時，你是『劫空』同坐命宮，環境中又很低落、沒有人緣，凡事讓人看不起，你自己本身又容易做一些邪佞之事，讓人討厭、排斥。為人孤僻、不合群、又喜標新立異，性格不穩定、喜怒無常、性格頑劣、固執，明知大家都反對、討厭的事，偏要做做看，引起眾怒，反而使你覺得有趣、高興。喜歡製造是非。有怪異的聰明，喜歡科技、能在科技、數理方面發展，一生多耗損，沒有人生目標，凡事也皆不往好的方面想，也無法腳踏實地的工作，多入宗教，在僧道佛門中棲身，或一生顛沛流離，心術不正，遲早滅亡。

天空、地劫

有天空、地劫坐命，對宮是廉貪，表示在環境中常想貪一些不合理、不該貪的東西，雖貪也貪不到，但已經引起軒然大波，讓眾人憤而指責。本命就是頭腦不清楚、好的事就腦袋空空做不了，又常受外來壞的事和壞的觀念想法的侵入影響，因此其人更無長處使人喜歡、認同了。再加上本身對別人吝嗇，而讓自己揮霍無度。此人自幼年起就周遭環境不佳，多有災禍，命不長。

丙、戊年及亥年所生之人，有羊陀相夾命宮者易遭災而亡。丙年有廉貞化忌在對宮（遷移宮中），再逢『羊陀夾忌』之惡格者，幼年極易逢災而亡。遷移宮有『廉貪陀』帶化忌者，為有不良出生（遭強暴或外遇、亂倫而出生者），一生也下賤孤寒，命不長。

天空、地劫

天府、天空或天府、地劫坐命

當命宮是天府、天空坐命在丑、未宮時，你的財帛宮中有地劫獨坐。

當命宮是天府、地劫坐命在丑、未宮時，你的財帛宮中有天空獨坐。

命宮是天府、天空在丑、未宮時，本命是『財庫空』的形式，你財帛宮代表手中的錢財是『劫財』形式。所以你一生外表看起來忠厚老實，好像可過得不錯，其實是腦袋空空，根本不會理財存錢，手中耗財多，也較窮困。還好，你的官祿宮是天相，可有固定工作薪水來生活，但生活得很辛苦，也會常因頭腦糊塗、辭職及工作不長久。一生勞碌，想要賺錢、存錢，但總不得其法。有時候也會進一點財，但總有事情發生，要用錢。因此錢財始終無法留存。

天府、地劫在丑、未宮入命宮時，你的財帛宮是天空，代表本命是『財庫遭劫』的形式，而手邊的『錢財是空空』的形式。你的腦中常有怪思想劫入，或道聽塗說，或自己自做聰明，創造出一些理財方法，而造成自己的損失，使自己手上的錢財常空空耗光。你會一生勞碌、白忙一場。

天府、天空或天府、地劫在卯、酉宮坐命

當命宮是天府、天空或天府、地劫在卯、酉宮坐命時，其官祿宮是天相、地劫，或天相、天空。

當命宮是天府、天空時，本命是『財庫空』的形式。而事業上是『劫福』和『劫印』的形式。這表示此人在事業上打拚不足，不

能掌權、管事，或管得不好，工作不長久，薪水、財富管理不好，而導致命中財少。因此也會工作坎坷起伏，力不從心，頭腦不實際，該打拚時怠惰，窮的時候，再來打拚，而更易窮困，爬不起來。

天府、地劫入命宮在卯、酉宮時，其官祿宮是天相、天空，表示本命是『財庫遭劫』的形式，而事業上是『福空』、『印空』的形式。這也就是說，其人因意外的事件或自己奇怪的思想觀念而使自己在工作上有失誤，掌不到權、管不到事，或做事有差池，而使自己無法享用較多的錢財。你會工作起伏，一生勞碌，所獲不多。

天府、天府、地劫同在巳、亥宮坐命

當天府、天空、地劫在巳宮或亥宮為命宮時，你命中的財是被劫得空空的了。你容易精神恍忽，也容易頭腦空空，既不實際，又無打拚能力，常幻想，一生無用。你也會易有精神疾病，沒法子工作，常依賴他人過日子。你的財帛宮是空宮，官祿宮是天相陷落，『命、財、官』都形成空茫的狀況，故為無用之人。要小心有羊陀相夾，有災、命不長，會身體有病痛，帶病延年。

太陰、天空或太陰、地劫在卯、酉宮坐命

當命宮在卯宮或酉宮，有太陰、天空時，其官祿宮為天梁、地劫。本命是『財空』的形式，而事業是『劫官』、『劫蔭』的形式。這表示你在事業上做不長，沒有貴人，也沒有太好的工作能力，打拚能力，也無法成名，因此你賺不到太多的薪水，會比一般的同命格的人窮。**命坐卯宮的人最窮**，因本命太陰陷落又逢天空之故。**坐**

命酉宮的人，稍好一點，所得不多。你們也易頭腦空空，愛發呆，愛存錢而存不住錢，所以比一般人較窮困。

當命宮是太陰、地劫在卯、酉宮時，本命是『劫財』、『劫薪水』、『劫儲蓄』的命格，故財少、工作不穩定、薪水不多，也存不住錢，常有破耗。其官祿宮是天梁、天空，是『官空』、『蔭空』的形式。在事業上打拚能力不足，無法成名，沒有名聲，也沒有貴人，必須一切靠自己，你會受外在影響，具有特殊思想和做一些事情，是和貴人、工作背道而馳的事情，腦子會清高、不想做，是故在事業上會得不到好結果，也容易陷入窮困之中。

太陰、天空、地劫坐命巳、亥宮

當命宮在巳、亥宮有太陰、天空、地劫同宮坐命時，是財被劫得很空了。其人會較孤獨、不實際、幻想多，精神恍惚，情緒起伏，易有精神方面的問題。也會一生不做什麼事，靠人過日子。丙、戊、壬年生的人，有羊陀相夾命宮或遷移宮的人，會一生有災身亡，命不長。戊年生有天機化忌在對宮（遷移宮）中的人，更糊塗，且有『羊陀夾忌』之惡格，會遭災身亡，不善終。乙年、庚年有太陰化忌、天空、地劫在命宮中，也是頭腦不清，有精神疾病、災多、短壽之人。命坐亥宮者，因『變景』的關係，有時還清醒，可過一般正常人之生活，但仍清高、耗財、吝嗇、財窮，不會賺錢，一生成空。

太陰、天空或太陰、地劫在辰、戌宮坐命

當太陰、天空在辰、戌宮坐命時，其福德宮有巨門、地劫。本

天空、地劫

命是『財空』形式。而天生的福氣享用是『劫暗』的形式。表示人本命中就有刑剋，會暗中劫財、劫福，生命會不長壽，一生的財富不多，只為平常普通人、小市民的命格，其人也會一生多是非、災禍，而把福氣和財運劫走弄空。亦會晚婚、不婚。

當太陰、地劫在辰、戌宮坐命時，其福德宮是巨門、天空。本命是『劫財』形式，而天生的福氣享用是『暗空』的形式，表示其人本命中有刑剋劫財，也會頭腦不清楚、不實際、多是非，而使財和福氣虛空，得不到的狀況。這些狀況有些是因是非多而失去財和福氣，有些時候是因為是非停止、很安寧、不熱鬧，也沒人給你帶財來，所以你也享受不到財。命坐戌宮的人，還是會有一些財，不會全被劫空，但會耗財多，存不住錢財，錢財會長腳跑掉，亦會晚婚、不婚及離婚，人生起伏大。

天空、地劫

※**凡是命格有太陰、天空或太陰、地劫時**，皆表示感情冷淡，用情不多，和桃花逢空或被劫。因此容易逢傷心事，也容易失戀、失婚，或用情不多，感情也易受到刑剋創傷。

※**當命宮是太陰化權、天空或太陰化祿、地劫時**，還是『財空』、『權空』、『祿空』或『劫財』、『劫權』、『劫祿』的命格。如果太陰居旺帶化權，再加一個空、劫（在酉、戌、子、丑宮），表示仍能掌財權，也還會有財會有薪水族的工作，只是偶而會有失誤或起伏。也會在觀念上、思想上有些不實際或掌握不住財的困擾，有時候仍能存錢、管錢，有時候也不想管、不想存，財運上會有一丁點的小破洞，和小漏失。

如果太陰化權居陷在卯、辰、午、未等宮，再加一個天空或地劫時，是本身財窮，就管不到財，掌握不到財權，還更有耗損、失誤。因此努力管錢的意願本身不高，再加上別人根本不給你管，也不給你賺，是窮困而頭腦空空，或自做聰明，受人影響而耗財凶的格局。

※當命官是太陰化祿、天空或太陰化祿、地劫在命宮時，無論太陰化祿的旺弱如何，都是『祿逢沖破』。會財不多或根本無財。

※當太陰化忌、天空或太陰化忌、地劫入命宮時，本命中財少，本命中從先天智慧和思想上就已把財劫走了。是故其人會頭腦不清楚、是非多，因心孤獨、孤僻、不合群，不想跟人、也不想跟財在一起，會思想清高不愛財，或想賺錢又不知如何賺法，總做些耗財及與生財背道而馳的事情，一輩子頭腦糊塗。其人身體有問題，壽命不長。

天空、地劫

貪狼、天空或貪狼、地劫在子、午宮坐命

當貪狼、天空在子、午宮坐命時，其夫妻宮是廉府、地劫。本命是『運空』形式，而內心的想法是『劫官』、『劫財』、『劫庫』的形式，是故其人常自做聰明，或許會清高，故意讓好運流失、成空或許會不貪好運了。因為其人內心就是一種真正賺錢的智慧不多，儲存能力不好，理財觀念有瑕疵的人，是故會讓好運成空，此人也容易晚婚、不婚，工作起伏坎坷。

當貪狼、地劫在子、午宮坐命時，其夫妻宮是廉貞、天府、天空。本命是『劫運』形式，而內心想法是『官空』、『財空』、『庫空』形式。其人會因古怪的想法而運氣被劫走。因為在他的內心是智慧不足、內心不富裕、較窮的心態而產生的古怪想法，以致讓好

運被劫走。此人亦會晚婚或不婚，也影響事業運。

貪狼、天空或貪狼、地劫在寅、申宮坐命

當貪狼、天空在寅、申宮入命時，其對宮（遷移宮）有廉貞、地劫。本命是『運空』的形式，周圍環境是『劫官』的形式，一生會因頭腦不清、空空而事業遭劫、不順利，有起伏不定，工作會斷斷續續，也會晚婚、離婚、不婚，一生運少，一事無成。

當貪狼、地劫在寅、申宮為命宮，對宮（遷移宮）有廉貞、天空，本命是『劫運』形式，而周圍環境是『官空』形式。其人會因思想上較空茫，智慧不足或思想不周全、企劃不好，智謀不多而失去好運機會，其人也會晚婚、不婚，易離婚，人生不如意。

天空、地劫

貪狼、天空或貪狼、地劫在辰、戌宮坐命

當貪狼、天空在辰、戌宮坐命時，其福德宮會有廉貞、天相、地劫。本命是『運空』形式，而天生的福氣享用是『劫官』、『劫福』、『劫印』的形式。表示其人常好運會落空，而究其原因是本身思想、智慧不足又古怪，福氣容易漏失，也掌握不到權力所致的。故常好運成空，抓不住。其人的暴發運也不發，工作、錢財都不易掌握。

當貪狼、地劫在辰、戌宮坐命時，其福德宮是廉貞、天相、天空。本運是『劫運』形式，而天生的福氣享用是『官空』、『福空』、『印空』。故其人因頭腦智慧及智謀不足，管理事物及做事方法都不好，理財觀念又空空，因此好運常溜走或遭人劫走。因此其人一生

的財富會減少、不多，也會工作不長久，常換工作，沒有持續力，其人的暴發運也不發。

巨門、天空或巨門、地劫在子、午宮坐命

當巨門、天空在子、午宮入命宮時，其夫妻宮會有太陰、地劫。表示其本命是『暗空』形式，而內心的想法是『劫財』形式。因此其人會因內心對錢財有不好的想法，不想賺錢或想賺不勞而獲的錢財，或是用鬼怪的方法去賺錢，而使其人一生中多是非、災禍。這有時候是因頭腦空空所引起的。真正其人在是非多、口舌嚴重時，感覺上比較聰明。沒有是非口舌時，比較笨，也無財。**命坐子宮的人**，還會心中有財、配偶也溫和、感情好，只是助力不多。

當巨門、地劫在子、午宮坐命時，其夫妻宮會是太陰、天空。

天空、地劫

表示其人本命是『劫暗』形式，而內心的想法是『財空』的形式。其人會性格孤僻多古怪，內心對錢財有另一套看法，是內心財窮的心態，很小氣，做事易不行正道，**命坐子宮的人**，配偶還溫和，帶點財，夫妻感情只是表面上好，但仍不得力，容易離婚或配偶早逝、有刑剋。**命宮在午宮的人**，本命較窮，心也窮，與配偶刑剋更嚴重，會不婚或配偶早逝，一生較窮困坎坷。

巨門、天空或巨門、地劫在辰、戌宮坐命

當巨門、天空在辰、戌宮坐命時，其福德宮是天梁居廟、地劫。表示本命是『暗空』形式，而天生的福氣享用是『劫官』、『劫蔭』的形式，其人性格古怪、多是非、話不多，但一說話便惹事生非，更陷自己於不吉之中。其人天生的貴人運又遭劫，貴人少，在

讀書和學習上會奮鬥力不足，不易成名，一生運氣不好，做事會斷斷續續，做不久，錢財也未必會順利了。

當巨門、地劫在辰、戌宮入命宮，其福德宮是天梁、天空。表示和本命是『暗劫』形式，而天生福氣享用是『官空』、『蔭空』形式。故其人一生是非多，凡是好的事就會遭是非口舌在暗中劫走。在天生福氣方面，做事會多起伏不順，做不長，而且貴人幫不上忙。你會廢話多，又不受重視，生命和事業起伏大，坎坷多。

巨門、天空、地劫在巳、亥宮坐命

當巨門、天空、地劫在巳、亥坐命時，你是口才空空、頭腦也空空的人，為人思想混亂，愛講廢話，是非多，有時是非也會突然停止了，就會很孤獨、周圍的利益也皆空。你會一事無成，一生的是非災禍多，也會窮困無財。

命坐亥宮時，對宮相照的太陽居旺，表示周圍的人對你這種反反覆覆用腦不多，又沒有什麼用的人還寬宏，仍能熱情的對待你、幫助你。但**坐命巳宮的人**，相照命宮的是太陽陷落，因此外界環境不佳，一生貧窮，工作不長，或靠人過日子。此命格的人，也容易幼年遭遺棄，命運乖違。

天空、地劫

天相、天空或天相、地劫在丑、未宮坐命

當命宮是天相、天空在丑、未宮坐命時，其財帛宮是天府、地劫。表示本命是『福空』、『印空』的形式而手邊錢財是『劫財』、『劫庫』的形式。其人會性格不實際、理財能力不好，做事抓不住要領，掌握不到主控權，也掌握不到福氣（包括財福、口福、吃穿

等福），在他手邊的錢財也常遭耗劫，存不住錢，且常會花掉。因為官祿宮是空宮，事業運也不強，會工作不穩定，也會不守信諾。做人做事無原則，因此也容易有窮困時候。

當命宮是天相、地劫在丑、未宮時，其財帛宮是天府、天空。表示本命是『劫福』形式，而手邊錢財是『財空』、『庫空』的形式。你會一生多勞碌或理財能力不佳，也會智慧不高，易受騙，因此命中財福少，也會導致窮困無財，工作能力不佳，或因思想、觀念的問題失去財，得不到財，生活較辛勞。

天相、天空或天相、地劫在卯、酉宮坐命

當命宮是天相、天空在卯、酉宮坐命時，其官祿宮是地劫獨坐。本命是『福空』、『印空』的形式，而事業上卻是『劫耗』形式，亦

天空、地劫

表示你會因事業上有刑剋、劫耗，工作不長久，或根本不工作。而自己本身頭腦空空，享不到福氣，也不會理財，做事沒能力，而賺不到錢財，一生容易靠人過日子，生命也不長。

當命宮是天相、地劫在卯、酉宮坐命時，其官祿宮是天空獨坐。本命是『劫福』、『劫印』的形式，而事業上是『官空』的形式，亦代表說其人頭腦不實際有古怪想法，很勞碌，但做事能力與理財能力都差，更會受人影響，而在事業上、工作上沒有成果。其人也會不負責任，對事物沒有主控力及主導權，因此工作會不長久或斷斷續續，最後乾脆不做了。還會頭腦空空，根本不知做什麼工作才好。生命不長，易遭災。

天空、地劫

天相、天空、地劫在巳、亥宮坐命

當天相、天空、地劫在巳宮或亥宮坐命宮時，是福氣完全被劫空了。命宮的對宮有武曲、破軍在相照，表示周圍環境也不富裕，其人會思想不切實際，性格反覆無常。做事進進退退，不負責任。一生也沒有結果，容易不婚，及工作和感情波折多，也容易無桃花機會，一生也多是非災禍。其人本命就是無福之人，也會無擔當能力，或有精神疾病，且易靠人過日子。命宮有『天相、祿存、劫空』同宮的人，為『祿逢沖破』，又為羊陀所夾。流年逢到命宮，亦會有災身亡，以三重逢合之大限最凶。

天空、地劫

天梁、天空或天梁、地劫在子、午宮坐命

當命宮是天梁、天空，在子、午宮時，其夫妻宮為巨門陷落、地劫。本命是『官空』、『蔭空』的形式，而內心想法是『暗劫』形式，表示其人在事業上多起伏，和貴人運較虛空，主要是因為其人內心是較陰暗、有不良的、虛偽的、是非多而邪惡的想法所導致的。因此其人會工作不長久，易常換工作。也會缺乏善心，對人不厚道，且更會在智謀上不精確老到，內心想運用而力不從心。

當命宮是天梁、地劫在子、午宮坐命時，其夫妻宮是巨門陷落、天空，表示本命是『劫官』、『劫蔭』的形式，而內心的想法是不實際又是非多，想做又不做的方式來主謀的。因此，在工作上、事業上會常遭困難，會常換工作不順利，也會在升官運方面遭人阻

礙，其人本人具有怪異想法，對人也沒有太多的善心，有時也不厚道。

天梁、天空或天梁、地劫在丑、未宮坐命

當天梁、天空在丑、未宮入命宮時，其財帛宮是太陰、地劫。表示本命是『官空』、『蔭空』的形式，而手中錢財是『劫財』的形式，其人會在事業上有起伏變化。因本命是『機月同梁』格的人，會做薪水族，故薪水含有變化。會中途離職或事業有阻礙，也存不住錢財，常有耗財現象，或財突然減少或損失。命坐未宮的人，比較窮困。

當天梁、地劫在丑、未宮入命宮時，其財帛宮是太陰、天空。表示本命是『劫官』、『劫蔭』的形式，而手中可用之財是『財空』

天空、地劫

形式。其人在智謀、思想上有怪異想法，不按牌理出牌，會因為思想、觀念的問題受到影響，而工作不順利，多坎坷起伏，而手中的財少。或因對錢財的觀念不實際，存錢與理財方式很差，或根本沒有理財和存錢的觀念，而導致對工作、事業的不用心或做不長久，做不好。這兩種狀況會相互成因果循環的關係。

天梁、天空、地劫在巳、亥宮坐命

當天梁、天空、地劫一起在巳宮或亥宮坐命時，是『官空』、『蔭空』、『劫官』、『劫蔭』同宮的形式。此時天梁又居陷，因此官星居陷，又為蔭星居陷，根本也無官、無蔭了。故其人在事業上也無發展，在名聲和求上進方面也不努力。其人是頭腦空空，整天混日子而已，一生為無用之人，靠人過活。**命坐巳宮**，生於丙年、戊年，有祿存同宮，或壬年生，**命坐亥宮**，有天梁化祿、祿存同宮的人，都有羊陀相夾命宮，為『祿逢沖破』，又為羊陀所夾，又帶劫空，逢巳、亥年流年不利，三重逢合，會有大災難身亡。

七殺和天空或七殺、地劫在子、午宮坐命

當七殺、天空在子、午宮入命宮時，其夫妻宮是紫微、天相、地劫。表示本命是『殺空』形式，而內心的想法是『劫官』、『劫福』、『劫印』的形式。其人會頭腦不實際，往清高或不重要的非財利方向打拚。內心的想法也是自命高尚、理財能力不好，不想管，不想主控掌權的狀況。因此會影響到工作上的問題也會影響到財運，其人也容易在宗教、佛道中生活。

當七殺、地劫在子、午宮入命宮，其人的夫妻宮是紫微、天

相、天空。表示本命是『劫殺』形式，而內心的想法是『官空』、『福空』、『印空』的形式。因此其人心態較孤僻，有特殊異於常人的思想。內心的想法是對事業上之掌控、掌權之類名利的事不積極的，易接近宗教，會晚婚或不婚，也容易離群索居，真正工作時間不長久，對人的感情也是冷淡的。縱使有配偶，也是表面和睦，但無助力，真正感情並不深厚的。

天空、地劫

七殺、天空或七殺、地劫在寅、申宮坐命

當七殺、天空在寅宮或申宮為命宮時，其遷移宮會有紫微、天府、地劫，表示本命是『殺空』形式，而周圍環境是『劫官』、『劫財』、『劫庫』的形式。因此其人會因周圍環境是表面優渥、富足，但不實在的狀況，自己腦子也會空茫，易受外界影響，多耗損，遭

劫財，並且因自己本身的思想不實際，打拚能力不強，工作會有起伏不順，也會晚婚、不婚，影響人生運氣，更可能打拚的方向錯誤或目標茫然，而致事業無著，一事無成。易入宗教中棲身。

當七殺、地劫在寅宮或申宮入命宮時，其遷移宮會有紫微、天府、天空。表示本命是『劫殺』形式，而周圍環境是『官空』、『財空』、『庫空』的形式，因此其人常因外來劫入的思想，做事做不成，目標茫然，方向不明確，或走錯了方向，或性格偏激，而事業不成功，賺錢少，或想努力卻使不上勁，最後一事無成。宜早點結婚，有生活壓力，較可促使其人成熟一點。易入宗教中安身。

七殺、天空或七殺、地劫在辰、戌宮坐命

當七殺、天空在辰、戌宮坐命時，其福德宮會有紫微、地劫。

天空、地劫

表示本命是『殺空』形式，而天生的福氣享用是『劫官』形式，因此其人性格容易不實際，會勞碌、成就不高，也會在人生中趨吉避凶的力量減弱或被人阻礙。一生要享的福也會被劫走，剩下不多，易入宗教，命不長，好運不多。

當七殺、地劫在辰、戌宮坐命時，其福德宮是紫微、天空。表示本命是『劫殺』形式，而天生的福氣享用是『官空』形式。因此其人在性格上剛愎自用，思想偏激，怪異、孤僻，好的事、容易成功的事不想做，會做一些辛苦勞碌、成就不高的事情，也會接近宗教，或在宗教中生活。在人生的趨吉避凶的力量，容易成空。享福的事也容易成空。

天空、地劫

破軍、天空或破軍、地劫在子、午宮坐命

當破軍、天空在子、午宮入命宮時，其夫妻宮會有武曲、地劫。表示本命是『耗空』形式，而內心的想法是『劫財』形式。因為武曲居廟，故雖劫財還有剩，故不致於心窮，只是會有意外或突如其來的想法，而使其人耗財而已。其人本命就是耗財多的人，內心也是耗財多，故一生容易起伏大，大起大落，人生不常，更容易接近宗教和玄秘之學，也容易不婚或離婚。

當破軍、地劫在子、午宮入命宮時，其夫妻宮是武曲、天空。表示本命是『耗劫』形式，而內心的想法是『財空』的形式。其人本命耗財多，會有生理和精神耗弱現象，身體也不好。在其人內心中是不重視財和看不見財的，雖然常口口聲聲談理財賺錢，其實他

所談賺錢之道是唱高調的理論，連他自己都不能信服。其人一生會大起大落，人生不常。會接近宗教和玄秘之學，易不婚或離婚。其人在性格中有孤僻古怪的一面。

天空、地劫

破軍、天空和破軍、地劫在寅、申宮坐命

當破軍、天空在寅、申宮入命宮時，其遷移宮有武曲、天相、地劫相照命宮。表示本命是『耗空』形式，而周圍環境是『劫財』、『劫福』、『劫印』的形式。故其人本人是性格狀似清高，喜歡理財，又能力不佳之人。其人頭腦非常不實際，想努力的事情又力不從心，不想太麻煩的事情又迫在眉睫，因此常一事無成。也容易提不起勁來做事，工作會不穩定或工作不長久，也容易不婚或離婚，易接近宗教，或為僧道之輩，一了百了。

當破軍、地劫在寅、申宮入命宮時，其遷移宮為武相、天空。表示本命是『耗劫』形式，而周圍環境是『財空』、『福空』、『印空』的形式。其人會有特殊怪異的聰明，但性格孤僻、不合群，會做一些奇怪的事與決定，讓人不瞭解。這是因為其人內心財窮、福空，又不想掌權管事，有放棄和頹廢思想之故。其人容易遭外來影響劫入，例如看了某些書籍或交了某些怪朋友，而受其影響，這是後天形成的。其人在一生中容易放棄正常生活，一事無成，也容易接近宗教，或為僧道之人，一了百了。也會不婚、離婚，以及工作起伏、做不長。

破軍、天空或破軍、地劫在辰、戌宮坐命

當破軍、天空在辰、戌宮坐命時，其福德宮為武曲、天府、地

天空、地劫

劫。表示本命是『耗空』形式，而天生的福氣享用是『劫財』、『劫庫』的形式。即表示其人天生性格不實際，對錢財不重視，看得開。也會有天真的想法，凡事不以為意，不用心，因此命中能享用的財富減少，本身存錢能力不好，因此在本命帶財的部份會少一點，其人在性格上太散漫，因此工作會不長久，錢財會不豐富。也會接近宗教，有不婚、離婚現象。

當破軍、地劫在辰、戌宮坐命時，其福德宮是武曲、天府、天空。表示本命是『耗劫』形式，天生的福氣享用是『財空』、『庫空』形式。所以其人本命耗財多，會受外來的事物影響，一生起伏較大，不平靜。更會用耗財或古怪的方式打拚，使能享用的財富減少，而且錢留不住，存錢不易。其人身體會有毛病，亦可能有精神方面之疾病。是聰明而帶有古怪思想的人。亦會接近宗教，勞碌、愛享福，但不一定享得到的人。

祿存、天空或祿存、地劫坐命

倘若命宮中只有『祿存、天空』或『祿存、地劫』同在命宮之中，你是空宮坐命的人，而且都算是『祿逢沖破』，命中財少的命格。

倘若此命格在子宮或午宮出現，對宮會有同陰相照，請參照前面。

《天空坐命，有同陰相照的命格》

或《地劫坐命，有同陰相照的命格》。

倘若此命格在寅宮或申宮，要看相照的星曜為何，才能知道命格格局，請參照前面。

《天空或地劫坐命，對宮有機陰相照命格》
或《天空或地劫坐命，對宮有同梁相照的命格》
或《天空或地劫坐命，對宮有陽巨相照的命格》

倘若此命格在巳、亥宮出現，祿存、天空、地劫三星同宮。其人一生孤寒窮困。其對宮有廉貪相照，環境惡劣，人緣不佳，幼年容易遭離棄。並且命宮會為『羊陀所夾』，是『羊陀夾劫空』的格式，流運逢到都不吉、有禍。三重逢合會遭災損命。其人也一生無用，懦弱無能。

擎羊、天空或擎羊、地劫坐命

『擎羊、天空』坐命或『擎羊、地劫』坐命，一個是『刑空』，一個是『刑劫』形式。要看命宮坐在那一宮，要找出另一個

天空、地劫

地劫或天空落在何宮位，和什麼星同宮，也要看擎羊的廟陷，才能定出在此人一生中『刑空』的是何事、或『刑劫』的是何事？

例如：擎羊在子、午、卯、酉宮都是居陷的，在辰、戌、丑、未等宮都是居廟的。

倘若在子宮為命宮有擎羊、天空的人，其人的遷移宮是同陰俱陷落。在其人的夫妻宮是天機、天梁、地劫。因此本命是『刑空』得很厲害的形式，而內心的想法是『劫運』、『劫官』、『劫蔭』形式。我們就知道此人心態懦弱不實際，環境較窮，內心想法古怪，會自做聰明，又易受人影響，不好好做事，愛貪小便宜又貪不到，沒有貴人，或不想找貴人或長輩幫助，一生事業、工作起伏變化，會不順，也會賺不到錢而窮困。

倘若命宮在未宮有擎羊、火星、天空，對宮相照的是武貪，因

天空、地劫

為擎羊居廟，氣勢強悍，有火星、天空，是衝動快速的刑剋，本命仍是『刑空』形式，其人的財帛宮是『天相陷落、地劫』，是『劫福』、『劫印』很嚴重的形式。其人的周圍環境是武貪代表的好運、財運很旺的環境。因此這種命格的解讀就是說：這個人雖在好運、財運都很好的環境之中，但因本命刑剋重，思想糊塗不實際、又衝動、刑耗太過，手邊的錢財很少，又不擅理財，理財能力太差，常遭劫財，且無法掌財權管事。此命格的人，只適合替別人工作，賺薪水。倘若自己做生意開店，就是開一家倒一家，一直到自己爬不起來為債務逼瘋了為止。而且他自己一生都是在有財、有運的環境中過窮苦日子的人。是看得到財、摸不到財的，而且一生多傷災，身體不好，工作不長久，終至刑耗破產。

並且他的命格強悍、不服輸、要硬拚。**擎羊居廟坐命的人**，對

天空、地劫

別人都有侵略性，財星、福星坐命的朋友遇到他，和他交往，必定會吃虧、被他耗財、劫福、不安寧。**擎羊陷落坐命的人**，雖會懦弱，但他是看人而變化的，遇弱則強，遇強則懦弱。他會耗性格溫和、懦弱者的財。遇到性格強或命格硬的人，就不敢碰觸，自己會懦弱下來了。

擎羊、天空或擎羊、地劫在卯、酉宮坐命時，其官祿宮必有另一個地劫或天空，因此本命是『刑空』形式，而官祿宮所代表的事業運必是『劫官』、『劫財』、『劫福』、『劫暗』的形式。這也表示說本命有刑剋較凶的狀況，也一定會刑剋到事業上之成就。若本命是『刑劫』形式，而事業運一定是『官空』、『財空』、『福空』、『暗空』的形式。無論如何，都會事業不順、多起伏、磕磕絆絆不容易有成就。而且其人性格懦弱，也自身能力不足，成事不足、敗事有餘，且命不長，有傷災、病痛、不善終。

天空、地劫

陀羅、天空或陀羅、地劫入命宮

陀羅、天空在命宮是『刑空』形式。陀羅、地劫在命宮是『刑劫』形式。

※**若陀羅、天空在丑、未宮坐命時**，算是空宮坐命，要看其對宮相照的星是什麼星，便知道命理格局了。其人的財帛宮會有地劫進入。例如命宮對宮是武貪相照的人，其財帛宮就是天相陷落、地劫。因此本命是『刑空』形式，而財帛宮是『劫福』、『劫財』形式，表示其人會強悍、頑固、頭腦笨又空空，非常不實際，在錢財上不會理財，又沒什麼辦法管錢，手中窮困無財，對錢財沒有主導權，一生會辛苦，賺錢不易。(可參考前面

『天空在命宮，有武貪相照坐命』的解釋。）

陀羅、地劫在丑、未宮坐命的人，有武貪相照時，本命是『刑劫』形式，本身是笨又易受人影響。可參照前面《地劫坐命，有武貪相照》的解釋。

如果陀羅、天空或陀羅、地劫坐命，有日月相照時，請參考前面《天空或地劫坐命，對宮有日月相照》的解釋。

如果陀羅、天空或陀羅、地劫坐命，有同巨相照時，請參考前面《天空或地劫坐命，對宮有同巨相照》的解釋。

※陀羅、天空或陀羅、地劫在寅、申宮坐命時，其對宮（遷移宮）會有另一個地劫或天空相照，這也是本命是『刑空』或『刑劫』形式，而遷移宮是機陰、地劫或天空時，是『刑運』或『刑財』形式。當遷移宮是同梁、地劫或天空時，是『刑

天空、地劫

福』或『刑官』及『刑蔭』形式。當遷移宮是陽巨、天空或地劫時，是『刑官』、『刑暗』形式。這些人一生都會頭腦不實際，易精神恍惚，比較笨，打拚力不強，易晚婚或不婚，人生沒有目標，容易拖拖拉拉、工作不久，而人生災禍多，會隨波逐流的過生活。自己也沒辦法主宰自己的人生。

※陀羅、天空、地劫在巳、亥宮同宮坐命時，其遷移宮必是廉貪。此命格是『刑空』、『刑劫』的雙重形式，再加上是『廉貪陀』之『風流彩杖』格，因此其人會頭腦不清楚、喜行邪佞，本身的環境又壞，會生活在邪淫的環境，一輩子也是靠邪淫力量在討生活，一生為無用之人。

天空、地劫

火星、天空或鈴星、天空入命宮

當命宮是火星、天空或鈴星、天空坐命時，本命都是『刑空』形式。要看命宮在何宮，對宮相照的是何星，才能定出命盤格式，也才能確認其真正的命格。**當命宮在子、午宮時**，會有地劫在夫妻宮，表示其人會因衝動、內心遭『劫財』、『劫官』、思想有問題，而事業不順、賺錢不多，耗財凶。**當命宮在卯、酉時**，其官祿宮會有地劫。表示性格衝動、用腦不多，而事業上會遭遇問題，工作不順利。**當命宮在丑、未宮時**，表示其人的財帛宮會有地劫，是性格衝動、思慮不周詳、計算能力不好、理財能力也不好，是故耗財多、錢財不順、進財不易。**當命宮在辰、戌宮時**，其人會在福德宮有地劫，表示其人性格衝動火爆，常有壞思想、壞想法劫入，及遭人影響，而一生不順。凡有此『火空』和『鈴空』入命宮的人，皆是性格古怪、又有奇怪思想，會遇突發事件而遭災的人。

※火、鈴、劫、空都是時系星，因時辰的關係，火、鈴不會和地劫同宮。

天空、地劫

輔空或劫輔入命宮

當命宮有『輔空』或『劫輔』形式出現時，一種是命宮中還有其他主星的，例如一月生的命宮是紫相、左輔、天空在辰宮的人，其夫妻宮七殺、地劫，而遷移宮有破軍、右弼。這表示此命格的人，本命是『官空』、『福空』、『印空』、『輔空』的形式，而內心想法是『劫殺』形式，心裡想打拚，因受人影響而不打拚，或目標不正確，做不對方向，在其人周圍的環境中又常有人在破耗、不利的方面幫忙，卻不幫好的事情。因此這個人本命還是不具有平輩貴人運的。故而其平輩的同事和朋友，在他自己看來，實際上是對他來說助力不大，沒有真正的幫助的。

天空、地劫

例如：**當命宮在丑、未宮有天相、左輔、右弼、地劫同宮坐命時**，本命是『劫福』、『劫輔』、『劫印』的形式。其財帛宮有天府、地劫。天相是五行屬水的星，在丑宮居廟，在未宮居得地之位，而左輔、右弼二星在丑、未上宮都很旺。尤其在未宮，火土相生更旺，而地劫屬火，在未宮較旺，在丑宮較弱。因此此命格在丑宮時福命強，劫福劫的不算多。但輔助力量劫得多，在未宮劫福力量大，因此福命較弱，但輔助力量劫得略少。是故**命宮在丑宮的人**，本身的能力較好一點，理財能力也有一些、手上錢財仍能存一些，有小漏洞。而幫助理財、存錢輔助的朋友會少一點、輔助的朋友也

天空、地劫

會能力差一點。**而命坐未宮的人**，本人理財能力會差一些，但輔助存錢、理財的朋友會力量大一點，同時其存錢的規模也較小。再清楚的說一下，就是命坐丑宮的人手邊的錢多一點。命坐未宮的人，手邊錢財會少一點，而且是靠朋友幫忙才有錢的，也會耗損一些。

倘若命宮只有『左輔、天空』或『左輔、地劫』、『右弼、天空』或『右弼、地劫』，沒有其他主星，就表示此命格是空宮坐命之命格，要看對宮的主星為何，才能定出盤局、命局。不過上述這些命格皆是『輔空』及『劫輔』命格的人，表示天生命運中，平輩的助力就已經成空，或是遭到劫走，變少了或不存在了。因此你和平輩間的關會比較冷淡，和無法合作。你也不想別人插手幫忙，你會比較孤獨。或許你會和比你年紀大的人或比你年紀輕的人較合得來，而和同輩的朋友、兄弟、同事較談不來或不想溝通。

天空、地劫

前面所談的這些以命宮為主體宮位時，有天空、地劫進入的狀況，其實際你也可發覺，在命宮有天空、地劫時，實際上也會牽涉到財、官、夫、遷、福等宮位。這些都是屬於『事宮』的宮位。因此你也可反過來看，當夫妻宮或福德宮有一個天空或地劫時，則另一個地劫或天空星也會在其他的事宮中出現，例如在命、遷、財、官、福等宮位出現。所以說：天空、地劫在命盤上出現是有定律的，它是以『命、財、官、夫、遷、福』為一組的宮位境地。而另一組境地之宮位就是『父、子、僕、兄、疾、田』等宮位了，這是屬於人宮的宮位。兩組宮位境地劃分得十分清楚。也各具意義。接下來我們就來看天空、地劫在『人宮』境地的意義。

紫微面相學

《全新修訂版》

法雲居士⊙著

『面相』是一體兩面的事情，
我們可以從一個人的外表來探測其內心世界，
也可從一個人所發生的某些事情來得知此人的命運歷程。
『紫微面相學』更是面相中的楚翹，
在紫微命理裡，命宮主星便顯露了人一切的外在面貌、
精神與內在的善惡、急躁、溫和。

- 『紫微面相學』能從見面的第一印象中，
立刻探知其人的內在性格、貪念，與心中最在意的事
與其人的價值觀，並且可以讓你掌握到此人所有的身家資料。
- 『紫微面相學』是一本教你從人的面貌上，
就能掌握對方性格、喜好，並預知其前途命運的一本書。
- 『紫微面相學』同時也是溫故知新、面對自己、
改善自己前途命運的一本好書！

移民、投資方位學

法雲居士⊙著

這本『移民・投資方位學』是順應現代世界移民潮流而
精心研究所推出的一本書，

每個人都有自己專屬的生命磁場的方位，才能生活、生存的愉快順利，也才會容易獲得財富。搞不清自己生命磁場方位而誤入忌方的人，甚至會遭受劫殺。至少也會賺不到錢而窮困。

法雲居士利用紫微命理的方式向你解釋為什麼有些人會在移民或向外投資上發展成功，為什麼某些人會失敗、困頓，怎麼樣才能找對自己的正確方向，使你在移民、對外投資上，才不會去走冤枉路、花冤枉錢。

第五章　天空、地劫在『父、子、僕、兄、疾、田』彼此相關連之意義

天空、地劫在父母宮、子女宮、僕役宮、兄弟宮、疾厄宮、田宅宮等宮是相互影響的。也就是在命盤上之二、四、六、八、十、十二等宮位有天空、地劫是相互影響的。現在就以父母宮為主體來解釋其意義。讀者可藉此明瞭，再推論『天空、地劫』在其他『人宮』出現時，所代表之意義。

天空、地劫

天空、地劫在子宮、午宮為父母宮時

當天空在子宮或午宮入父母宮時，其兄弟宮在戌宮或辰宮會有地劫出現。

當地劫在子宮或午宮入父母宮時，其兄弟宮在戌宮或辰宮中會有天空星出現。

舉例說明：

例如：

當父母宮在子、午宮為天同、太陰、天空時，為『福空』及『財空』的形式，而其兄弟宮為地劫獨坐，對宮有機梁相照。倘若父母宮在子宮時，代表其人父母是性格溫和、脾氣好、思想有些不實際，雖然很愛你、對你體貼、溫柔，但有時不見得會表達顯露出來。你的家庭小康，父母很可能是薪水族或公務員之類的人。父母的工作偶而有起伏，他們對你的照顧並不見是你需要的。你的兄弟少，也可能無，可能有姐妹較多，他們是性格略孤僻、有小聰明的人，和你並不親近。未來感情也會較冷淡，似有若無。**倘若父母宮在午宮時**，表示父母較窮，頭腦空空，外表溫和，對你關心很少。你從小較孤獨，兄弟宮有地劫獨坐，對宮機梁相照，表示兄弟少或無，可能會有姐妹，彼此淡薄、不親近，會離得很遠，似有若無。你的身體不太好，要小心家族疾病和癌症的發生。

當父母宮是同陰、地劫時，是『劫福』、『劫財』的形式。兄弟宮是天空獨坐、有機梁相照。**父母宮在子宮**，表示父母是外表溫和、美麗，但性格善變，工作略有不穩定，對你的關愛有時會有冷熱不同，你的兄弟少，亦可能無，亦可能有姐妹多，會有帶有小聰明之手足，對你也會冷淡、離得遠。**在午宮**，父母較窮，且常有失誤，遭劫財損失或工作不順利，對你的親密度也不佳，或有分離狀況。你的兄弟少或無，有姐妹，但也會離得遠或談不來。

※這種『父母宮為同陰、天空在子宮』的格局，也可以反過來看做是『**地劫在戌宮為兄弟宮，有機梁相照』的格局解釋與前者相同。**

※這種『父母宮為同陰、地劫在午宮』的格局，也可以反過來看做是『**天空在戌宮為兄弟宮，有機梁相照』的格局。解釋與前者相同。**

※這種『父母宮為同陰、天空在午宮』的格局，也可以反過來看做是『**地劫在辰宮為兄弟宮，有機梁相照』的格局。解釋與前者相同。**

※這種『父母宮為同陰、地劫在午宮』的格局，也可以反過來看做是『**天空在辰宮為兄弟宮，有機梁相照』的格局。解釋與前者相同。**

天空、地劫在丑宮、未宮為父母宮時

當天空星在丑宮或未宮入父母宮時，其子女宮會有地劫。

當地劫星在丑宮或未宮入父母宮時，其子女宮會有天空。

例如：

當父母宮在丑宮或未宮為天梁、天空時，其子女宮是『太陰、地劫』在酉宮，這種格局也可反過來看，也就是說當子女宮在酉宮或卯宮是『太陰、地劫』的時候，其父母宮就會在丑宮或是未宮為『天梁、天空』。在這種格局之下，這兩種宮位（父母宮和子女宮）

天空、地劫

有相互連帶之關係，其意義也是相同的。

父母宮在丑宮為天梁、天空時（天梁居旺），其子女宮在酉宮為太陰、地劫（太陰居旺），表示父母宮為『官空』、『蔭空』形式，子女宮為『劫財』形式。因為主星皆在旺位，故其人還會有心地善良、有責任人、善於照顧他的父母，只是父母的力量不足，照顧不久，會有照顧不到的地方，亦有可能父母之一中年早逝或離家而照顧不完全。在子女方面，你的子女賺錢不多、沒有你的財力好，你花在子女身上的錢多，女兒和你不和、較冷淡，你和子女間的關係只是表面有情的，實際上常會因外來的影響，彼此感情有不順利、不親密、不和睦的地方。

父母宮在未宮為天梁、天空時（天梁居旺），其子女宮在卯宮為太陰（居陷）、地劫，表示父母宮為『官空』形式，而子女宮為『劫財』形式。其父母仍是心地善良、有責任心、善於照顧你的人，但會事業不太順利，會有照顧不到的地方，亦可能父母在中年早逝或離開，而照顧不完全。在子女方面，你的子女較窮困，和你不和，尤其是女兒和你最不和，感情最差，你和子女的關係，感情淡薄、相處甚差，更會因外來的影響時有衝突，或根本不見面。此種格局若以子女宮為主時，可看做『子女宮為太陰、地劫在卯宮時，而父母宮是天梁、天空在未宮』。

父母宮在丑宮為天梁、地劫時（天梁居旺），其子女宮在酉宮為太陰、天空（太陰居旺），表示父母宮為『劫官』形式，而其子女宮為『財空』形式。其人的父母在工作和事業上會斷斷續續、成就不好，對你照顧不算周到，而且父母中之一會中年早逝或離家，也會中途照顧不周全。在子女方面，其人和子女的感情有空洞化的特

天空、地劫

徵，彼此不瞭解，也不親密。尤其和女兒彼此感情較淡薄，無法溝通。子女的經濟狀況也沒其人好，會耗財多，也不太會賺錢，在賺錢方面，頭腦空空。台灣總統陳水扁先生便有這樣的父母宮和子女宮，因此其人早年為三級貧戶，父親中年辭世。

父母宮在未宮為天梁、地劫時（天梁居旺），其子女宮在卯宮為太陰、天空（太陰居陷），父母宮為『劫官』、『劫蔭』形式，而子女宮為『財空』形式。其人的父母有工作起伏不順利的狀況，對其人仍好，但有照顧不完全的狀況，父母亦會中年離家或早逝。其子女財窮，也和子女感情冷淡、不和睦。子女的成就差。

父母宮在未宮為天梁、天空時（天梁居旺），其子女宮在卯宮為太陰、地劫（太陰居陷）。父母宮為『官空』形式。子女宮為『劫財』形式。故其人父母對他仍好，但父母在工作能力上有瑕疵，會中途失業或中斷，對他照顧不完全，父母亦會中年離家或早逝。子女數會少。子女較窮，亦會因外來的影響而變窮。其人和子女亦會受外來的影響而感情惡劣，彼此冷淡以對。此命格亦可以子女宮為主體時，當做『當子女宮為太陰、地劫在卯宮時，其父母宮必為天梁、天空』來看。其意義內容是一樣的。

※凡是父母宮在丑、未宮有天空、地劫，則另一個地劫或天空，一定在子女宮及卯、酉宮出現。父母宮在丑宮，子女宮就在酉宮。父母宮在未宮，子女宮就在卯宮，因此未宮有天空或地劫，卯宮就會有另一個天空或地劫出現。

只要父母宮在丑、未宮，或子女宮在卯、酉宮，宮內若有其他主星的人，請參考前述看法及前面章節中《天空、地劫在命宮中的看法》中的相關部份，即可明瞭其代表意義。

天空、地劫

天空、地劫在寅宮、申宮為父母宮時

當天空星在寅宮為父母宮時，其疾厄宮在申宮會有地劫星。因父、疾二宮在寅、申宮相照的關係，互為對宮。當天空星在申宮為父母宮時，疾厄宮在寅宮有地劫。

當地劫星在寅宮為父母宮時，其疾厄宮在申宮有天空星，相互對照。

※此種命格若以宮位來論，也可說是：當疾厄宮在申宮有地劫星時，其父母宮在寅宮有天空星。其疾厄宮在寅宮有天空星時，其父母宮在申宮有地劫星。

例如：

當父母宮在寅、申宮為天機、太陰、天空時，其疾厄宮為地劫獨坐。而你的本命是天府坐命丑、未宮的人。你的父母宮為『運空』、『財空』的形式。而疾厄宮為『劫耗』形式。**當父母宮在寅宮時**，父母宮中的天機在得地之位，太陰居旺，再加天空，代表說父母的情緒起伏很大，和你感情時好時壞，常常也不太瞭解你，但偶而仍有和你好的時候。父母的運氣也起伏不定，父母可能是薪水族，領月薪或靠房租過活，但也財運起伏不定、工作也會不穩定，父母也會中年得病、遭災或有意外之事，如車禍、開刀等事，易早夭，家庭中有變故。你本身在身體狀況也不好，易突然得病，或遭受傳染，也會有意外的傷災，如車禍事件等，更要小心癌症病因的長期潛伏。你的父母亦容易因癌症或車禍問題病亡。你也會有膀胱、腎臟、子宮、生理方面的毛病。

當父母宮在申宮為天機、太陰、天空時，你的疾厄宮在寅宮有

天空、地劫

地劫。父母宮的天機居得地之位，太陰居平、天空居陷，是『運空』、『財空』形式，疾厄宮是『劫耗』形式。你的父母是性情善變、財不豐，較窮，對你的感情也較淡薄之人。父母的身體也不好，常有病災及工作不順的狀況。你自己的身體更差，暗疾叢生，常不舒服，主要也是在四肢酸軟、神經不協調、膀胱和腎臟不好，以及男性和女性的生殖系統、泌尿系統，如子宮、精囊、輸精管、輸卵管、卵巢方面的問題。要小心癌症。

當父母宮在寅宮為天機、太陰、地劫時，其疾厄宮在申宮為天空獨坐。父母宮為『劫財』、『劫運』形式，但天機、太陰尚在旺位，會劫不完。疾厄宮為『耗空』形式。表示父母情緒不穩定，對你時好時壞，常會因外來影響而對你感情有變化。父母也是工作上、財運上不穩定，易遭受外來影響的人，但仍有薪水收入。父母的身體也容易時好時壞，易感冒及有傷災（車禍）、病痛，中年會有工作及人生上的起伏。你本身在身體方面也時好時壞，也要小心病災、傷災（車禍問題）。更要小心潛伏期的癌症。你生命中先天的財，是容易成空的，表示易遭災病亡、壽命不長的。

當父母宮在申宮為天機、太陰、地劫時，其疾厄宮在寅宮為天空獨坐。其父母宮中的天機居得地之位，太陰居平，再加地劫，表示父母對你冷淡、漠不關心，你和父母無緣，也許父母東奔西跑，和你分離遙遠。父母比較窮，賺錢少或賺不到錢。父母的身體差、運氣差，易有意外傷災、車禍遭災，亦會有病災，亦容易早亡。你自己的身體體質弱，亦會有癌症隱伏，要多做檢查，還有車禍傷災的問題，也會讓你短壽。

※其他父母宮在寅、申宮之命格，請讀者自己參考前述及前面章

節中之內容加以判斷所代表之意義，因篇幅的關係，不再贅言。

天空、地劫

天空、地劫在卯宮、酉宮為父母宮時

當天空星在卯宮為父母宮時，其僕役宮在未宮中有地劫星。
當地劫星在卯宮為父母宮時，其僕役宮在未宮中有天空星。
當天空星在酉宮為父母宮時，其僕役宮在丑宮中有地劫星。
當地劫星在酉宮為父母宮時，其僕役宮在丑宮中有天空星。

此時，天空、地劫分別在命盤上的三合宮位中出現。

其實也可以反轉過來看，當僕役宮在未宮有地劫星同宮時，其父母宮必在卯宮有天空星進入。當僕役宮在丑宮有地劫星同宮時，其父母宮必在酉宮有天空星進入。

天空、地劫

舉例說明：

若父母宮在卯宮為天府、天空時，你是空宮坐命寅宮，有同梁相照的命格的人。你的僕役宮在未宮是天相、地劫。在此命格中，天府、天相都只在得地剛合格之位。這表示你的父母宮是『財空』的形式，你的僕役宮是『劫福』、『劫印』形式。也就是說，你幼年環境不算好，會在小康以下、接近小康的環境，你的父母財不多，也存不住錢，是想存，但財庫常空、多耗財的狀況。父母也許是公務員或薪水族，是老實、正直，但理財能力有瑕疵的人。而你所交往的朋友，多半是來劫你的福氣、佔你的便宜，你會對朋友、同輩的人沒有領導能力、沒有主控權，他們也不會在工作上幫助你，還會常找你麻煩。因為你的性格太溫和、近乎懦弱，因此常吃虧。

倘若父母宮在卯宮為天府、地劫時，你仍是空宮坐命，有同梁相照的命格的人。你的僕役宮是天相、天空。在此命盤格式中（『紫微在丑』命盤格式）的天府、天相都只在得地命格之位。表示父母仍是『劫財』形式，而僕役宮是『福空』、『印空』形式。表示你的父母是財不豐、又常遭受外來影響而損財、失財之人，會工作中途失業或錢財破產或遭倒閉，你幼年家中有錢財問題而不富裕，在接近小康的環境上下起伏。你的朋友對你也幫助不多，或同是經濟狀況不好的人，和同是處事方法不好的人，而不能幫助你，並且你對朋友的主控力不足、領導能力全無、朋友不聽你的。朋友倒是不會來佔你的便宜，但也對你不重視、往來是溫和、冷淡型的，不一定能找到知心的朋友。

當父母宮在酉宮為天府居旺、天空時，你是空宮坐命申宮，有同梁相照命格的人。你的僕役宮在丑宮為天相居廟、地劫。表示父母宮為『財空』、『庫空』的形式，而僕役宮為『劫福』、『劫印』的形式。你的父母宮在財力上還算富裕，但財運會有起伏變化，家中會有耗財之事。父母也是性格溫和、老實，偶而精打細算，但並不是太吝嗇的人，也不是非常會存錢儲蓄的人，只會少存一些罷了。父母和你的關係還算很親密，只是偶而有不能溝通之事。你的朋友也表面溫和、很會做事，但常因環境或外力的影響，而無法幫你的忙，你對朋友的領導力雖有一些，但力量不強，也常會因外在因素而失去領導力。

當父母宮在酉宮為天府、地劫時，你是空宮坐命申宮，有同梁相照命格的人，你的僕役宮是天相居廟、天空在丑宮。表示父母宮為『劫財』、『劫庫』形式。而僕役宮為『福空』、『印空』形式。你的父母經濟狀況不錯，但容易受外來影響耗財、遭災，如突然離職、失業，或投資失敗等事，易影響家庭，但不嚴重。因天府居旺的關係，很快便會過去，但一生中總會在一些時期會遇到。你的父母對你的關愛表面上是有，但也總因為外在環境和很多事情的影響很不周到。並且有日益冷淡的趨勢。你的朋友表面溫和、相處愉快，但不得力。你也不會想當領導者的地位和朋友交往。你是希望以平等、公正的態度來和朋友交往的。

（倘若父母宮在卯、酉宮，有其他主星和天空、地劫同宮時，請讀者參照前面的方法來分類做出解釋。）

天空、地劫

天空、地劫在辰宮、戌宮為父母宮時

當天空星在辰宮為父母宮時，其田宅宮在午宮有地劫星。

當地劫星在戌宮為父母宮時，其田宅宮在子宮有天空星。

天空、地劫

當地劫星在辰宮為父母宮時，其田宅宮在午宮有天空星。

當天空星在戌宮為父母宮時，其田宅宮在子宮有地劫星。

此時，天空、地劫分別在命盤上的四方宮位中出現。

其實也可以反轉過來看：

當田宅宮在午宮有地劫星同宮時，其父母宮必在辰宮有天空星進入。

當田宅宮在子宮有地劫星同宮時，其父母宮必在戌宮有天空星進入。

當田宅宮在午宮有天空星同宮時，其父母宮必在辰宮有地劫星進入。

當田宅宮在子宮有天空星同宮時，其父母宮必在戌宮有地劫星進入。

天空、地劫

舉例說明：

如果父母宮是太陽居旺在辰宮加天空入宮的人，你是武殺坐命卯宮的人，你的田宅宮就是天機居廟、地劫。父母宮是『官空』形式，而田宅宮是『劫運』形式。因為父母宮的太陽是居旺帶天空的，因此你的父母工作能力強，但有時會不實際，或工作有起伏不穩定的狀況，但這只是某一段時期而已，大致上還算好的。你的父母會性格開朗、不計較，有時候也太開朗了、不太管你，讓你很自由，有時你也會覺得父母不太關心你。你的家中常會因外在環境的變化起伏不定，易常搬家、遷動，或房子一直換，生活不穩定。你們家的財務也常不穩定、耗財多、存不住錢。縱使你結婚之後的家庭仍是常變動、搬家、房地產易賣掉、存不住錢，要到老時，看看能不能留一棟自己住的房子。你一生容易過家無餘糧的日子，但狀況好的時候又會大魚大肉。上下起伏、震動較大，和別人的日子不一樣。你家中的人始終都是非常聰明、有怪異聰明。享福的時候，大家一起來享，吃苦的時候，大家也散得很快的人。

又例如：

父母宮在戌宮是太陽居陷、地劫，你是武殺坐命酉宮的人。你的田宅宮是天機居廟、天空。表示父母宮是『劫官』形式，而且太陽陷落、劫得很凶。而田宅宮是『運空』形式。你的父母可能早逝或身體不好、事業無著，你會幼年家境窮困，和父親無緣。或因外在環境中有災禍發生和父親分離，例如你被送人做養子或父母離異等等之類的事情。在你的家中常因變化而成空。家中運氣常是變好的時候不多、不長久，安靜時、不變動時，反而是最好的時候，易有突發災禍。你家常易搬家遷動、生活不穩定。也存不住財。年老時要努力才有一棟房子，你一生都在辛苦打拚，想辦法脫離貧窮，你家裡的人都是聰明而彼此冷淡、不親密的。因此家庭的凝聚力不強，家庭成員也易東分西散，不團結。

天空、地劫

天空、地劫在巳宮、亥宮為父母宮時

當天空、地劫在巳、亥宮為父母宮時，為雙星同宮並坐的形式。也是既劫也空的形式，無論再有何主星進入，也不論主星的旺弱，都是最大的之刑剋，代表父母早逝（其中以父親為主，有時母親可能還在，但父親會不在了。）

例如父母宮為天機居平、天空、地劫時，父母雙亡，幼年困苦。

當父母宮有天空、地劫雙星同坐在巳宮或亥宮時，其對宮的疾厄宮，其實也會受到影響，因此其人也要小心病災、傷災及癌症問題，其實也會天不假年，會壽命不長的。

※ ※ ※

由以上這些例子可看出，當父母宮有天空、地劫時，實際上，相呼應的宮位，包括了兄弟宮、子女宮、疾厄宮、僕役宮、田宅宮等相互牽連甚廣。這要看你出生的時辰帶給你什麼樣的格局而定了。自然也證明出：天空、地劫這兩顆星，也是在規格化、在限制人命中的富貴亨通的大小格局的力量了。

紫微成功交友術

法雲居士⊙著

成功的人都有成功的好朋友！失敗的人也都有運程晦暗的朋友！好朋友能幫助你在人生中『大躍進』！壞朋友只能為你『扯後腿』。

流年朋友運能幫你提升交朋友的層次，進入成功者的行列！每一個人想掌握交到益友、欣逢貴人的契機！『時間』就是一個不容忽視的關鍵！

『紫微成功交友術』，就是一本讓每個人都能掌握時間交到益友的一本書。同時也是讓你改變人生層次的一本書。更讓你此生不虛此行！

如何創造事業運

法雲居士⊙著

人生中有千百條的道路，但只有一條，是最最適合您的，也無風浪，也無坎坷，可以順暢行走的道路，那就是事業運！

有些人一開始就找對了門徑，因此很早、很年輕的便達到了目的地，成為事業成功的菁英份子。有些人卻一直在茫然中摸索，進進退退，虛度了光陰。

屬於每個人的人生道路不一樣，屬於每個人的事業運也不一樣！要如何判斷自己是否走對了路？
一生的志業是否可以達成？地位和財富能否得到？在何時可得到？每個人一生的成就，在紫微命盤中都有顯示，法雲居士以紫微命理的方式幫助您檢驗人生，找出順暢的路途，完成創造事業運的偉大工程！

第六章　天空、地劫在其他宮位的舉例解說

天空星和地劫星是兩位一體的星曜，號稱劫空。他們是同時在人命格中起作用的，也是一個為『因』，另一個就為『果』的關係存在的，絕不會『有因無果』或『有果無因』的存在著，所以非常特殊。

前面雖然舉了一些例子，告訴你要用什麼方法來看天空、地劫在命盤上的作用。但因篇幅所限，無法將每種命格變化全寫出來，因此舉了以命宮和父母宮為例來解說，相關的又可多明瞭一些衍生

天空、地劫

出來的問題和宮位。但還是會有一些遺漏之處，現在再補足說明之。

例如：

子女宮在丑宮為天梁、天空時，其僕役宮在酉宮為太陰、地劫。表示子女宮為『官空』、『蔭空』格局，其僕役宮為『劫財』格局，多半無子，而有女兒。其人的子女會在工作上多起伏、目標不實際，你也會想照顧子女，但照顧不周全，表面對他好，但給他的東西並不是他所想要的。你在交朋友方面，你會不想太麻煩朋友幫助，故會凡事喜歡獨力完成。你也會對少數的朋友較熱情交往，而對某些不熟或不喜歡的朋友保持距離。不夠份量的朋友，即使想幫你，你也不會接受，亦會有些朋友常會來劫你的財，借錢不還，或搶你的工作，對你也不貼心，知心朋友難找、不多。

天空、地劫

例如：

子女宮在丑宮為天梁、地劫時，其僕役宮在酉宮為太陰、天空。表示子女為『劫官』、『劫蔭』形式，僕役宮為『財空』形式。因太陰居旺、財空的不厲害，天梁居旺、劫官、劫蔭也不算頂嚴重。表示你可能沒有兒子、而有女兒，你對子女的愛護非常好，但是也會因外來的事件或外在環境影響而照顧不完全周到，例如你可能太忙碌而照顧子女不算周到，或離婚、分居，因婚姻的狀態改變而對子女有影響，但你的內心會常以此為念而不安。你的愛心很保守，只照顧自己愛照顧的少數人。在對待朋友方面，你是感情濃厚，但又時常不表現出來的，朋友雖對你好，但你不願麻煩他們，只會偶而的表現親密，你和朋友的關係維持在君子之交淡如水的境地，也始終保持定位在清高、只談感情，少談錢財的感情上。

天空、地劫

例如：

子女宮在未宮為天梁、天空，其僕役宮為在卯宮有太陰陷落、地劫。表示子女宮為『官空』、『蔭空』形式，而僕役宮為『劫財』形式。你可能無子，而有女兒。你的子女會事業不穩定，或工作不實際。你對子女的愛護、照顧，可能常讓子女感受不到好的方面，也容易表面對他好，但並不能讓他心悅誠服的接受。你的朋友都是窮朋友，常來劫你的財，借錢不還或推銷東西給你，來耗你的財。朋友對你冷淡，且常因外來影響，和你有是非糾紛。

例如：

子女宮在未宮有天梁、地劫，其僕役宮有太陰陷落、天空。表示子女宮為『官空』、『蔭空』形式，其僕役宮有『財空』形式。代表你可能沒有兒子，而有女兒。表面上你對子女很照顧，但會受外來的事情及外在環境影響而對子女照顧不周全，或因感情或離婚而照顧不算好。你在對待朋友方面，你的感情敏感力差、態度冷淡，和朋友慢熟，朋友也對你沒益處，因朋友常窮困、口袋空空，來往只有債務問題，沒有實質利益，你會寧可孤獨一點，也不想找窮鬼上門。

※倘若子女宮是天梁化權、天空在丑宮時，其僕役宮是太陰化忌、地劫在酉宮，表示你對待子女管教嚴，強勢照顧，但不見得有效果。他們會陽奉陰違，你雖強力在照顧，但子女並不領情，你的管教、照顧也成為一場空，你的朋友少，尤其和女性不和，朋友也會受人影響來劫你的財，和你有是非糾紛。

※倘若子女宮為天梁化祿、地劫在未宮，僕役宮為太陰陷落、天空在卯宮時，表示子女宮是『祿逢沖破』，又是『劫官』、『劫

天空、地劫

蔭』形式。僕役宮為『財空』形式。你的子女多半是女兒，沒有兒子，子女會成為你的負擔，你表面上似乎花了錢照顧他們不錯，但他們內心並不領情、感激，你也會因外在環境的變化或外界影響而對子女的照顧不完全，子女也容易成為你的負擔。你的朋友多半是窮光蛋，而且感情淡薄，你根本不想靠近他們會保持距離，以防來借債，連累你。

※**倘若子女宮是天梁化科、天空在丑**、未宮時，表示你有時很有方法照顧子女，有時又沒有方法照顧子女，在照顧子女和後輩方面，是有時極好，有時都會漏失，是虎頭蛇尾的照顧方法。你會無子，女兒較多。子女也會有些成就高、有些成就低，長女會成就好。

第七章　天空、地劫在巳、亥宮入各宮之意義

第一節　天空、地劫代表刑局在宮位中之意義

天空、地劫並坐在巳宮或亥宮，都是本身既空，又被劫，真是空空如野的狀態了。因此無論在何宮位出現，都代表『沒有』、『無』的意思。

天空、地劫

例如：

在父宮出現，無論再有其他吉星在位的主星，和劫空同宮，都代表無父母。有時你是父母雙亡，有時是父亡母在，有時是自小離開父母，或與父母很遙遠，不親密或少見面。

刑運格局在父母宮

如父母宮是天機居平、天空、地劫在巳、亥宮則父母宮是『劫運』、『運空』的形式，父母雙亡。因意外事故而亡。

刑財格局在父母宮

如父母宮是天府、地劫、天空在巳、亥宮，是『刑財』、『刑庫』形式，父母會因錢財問題，將你送養別人，領取營養金，你會

天空、地劫

被輾轉送養很多地方。現今許多青少年未婚生子所生下的小孩，有此父母宮。

如父母宮是武破、天空、地劫在巳、亥宮，是『刑財』和『刑耗』格局。表示父母可能因車禍或窮困而亡，或是因戰爭，或軍事行動、政治活動而亡，也可能父母遁入宗教境地，分離而不見面。

如父母宮是太陰、地劫、天空在巳、亥宮，是刑財格局，父母因窮、沒錢治病而亡。在巳宮，母早逝，父親也不一定在。在亥宮，亦為母早逝，父親不一定在，但有太陰化忌在亥宮，再加地劫、天空者，因太陰化忌為『變景』，狀況會反過來，會父親不在了，而母親在，但身體甚差。

天空、地劫

刑官格局在父母宮

如父母宮是太陽、地劫、天空在巳、亥宮，是刑官格局，父親會因工作或事業的關係喪亡。有時，母親仍在。但身體不佳。尤其是在亥宮，父親早亡。

如父母宮是紫殺、地劫、天空，是刑官及刑殺形式，表示與父母無緣、父母易遇災而亡，或因公殉職，亦可能父亡母在。

刑福格局在父母宮

如父母宮有天同、地劫、天空，是刑福形式，表示父母溫和，但仍受不到其照顧，父親會不在了，早逝，母親則不一定。或被送養給別人，或在孤兒院長大。

如父母宮有天相、地劫、天空，是『刑福』及『刑印』形式，表示父母溫和，但仍受不到其照顧，父親會早逝，母親也可能早逝，你也有可能被送養給別人而養父母也會早逝或離開。

天空、地劫

刑運格局

如父母宮是廉貞、貪狼、地劫、天空在巳、亥宮時，是『刑運』和『刑囚』形式，表示父母是因不好的行為或窮困而亡的。亦會是遭災、受傷而亡的。亦會因受強暴及不好的待遇而亡。你也會因不好的出生，被父母遺棄或送人。

刑暗格局

如父母宮是巨門、天空、地劫，是『刑暗』形式，表示父母會因是非、爭執、災禍而亡。也可能你自小會被父母送養或遺棄，不

▼天空、地劫

知父母是誰。

刑蔭格局

如父母宮是天梁陷落、地劫、天空，是『刑官』及『刑蔭』形式，表示自幼父母雙亡，或母早逝，父親再相繼死亡。你得不到父母的照顧疼愛。也有可能被送養別人，而養父母又相繼不在了。

※如果天空、地劫，並坐在疾厄宮，相照父母宮，也容易有父母早亡之事。

紫微賺錢術

紫微格局看理財

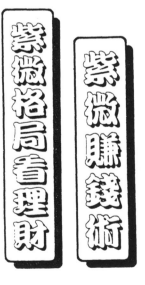

天空、地劫

第二節　天空、地劫雙星同宮在巳、亥宮入十二宮的狀況

天空、地劫雙星同在巳、亥宮入各宮的狀況

天空、地劫雙星在命宮

當命宮有天空、地劫，若無主星，則對宮相照的一定是廉貞、貪狼。表示其人性格孤僻乖桀，自小便人緣不好，常做討人厭之事，以害別人為樂，不好教養。長大後多說少做、不行善道，易偏向邪佞之路。一生成就不高，也易不善終。應導向宗教來教化。其

人仍有特殊聰明，精於數理為天才型人物。以命坐巳宮的人，最聰明，較能成為天才。命坐亥宮的人，只會對邪佞之事聰明，一生無用。他們都是耗財很多的人，在應付日常生活是無運也無謀，而且桃花少，婚姻也不幸福，亦可能不婚和離婚。

天空、地劫在兄弟宮：表示無兄弟。（無論有無主星）

天空、地劫在夫妻宮：表示無婚姻、不婚。（無論有無主星）

天空、地劫在子女宮：表示無子。（無論有無主星）

天空、地劫在財帛宮：表示無財、無工作、耗財凶。（無論有無主星），亦表示不掌管錢財，手邊無錢。

天空、地劫在疾厄宮：表示健康情形差，有怪病、暗疾叢生，亦會有癌症絕症，帶病延年，生命不長。其父母亦可能早亡。也可能自身帶有家庭性遺傳之疾病，和父母有相同病症死亡之原因。

天空、地劫

天空、地劫在遷移宮：同宮的不論有無主星，皆是在環境中容易看不到也得不到。其人頭腦空空，做不成事情，或做事沒結果，沒能力，因此得不到收穫，一生也會沒成就。亦容易在出生或幼年即亡故。生命不長。

天空、地劫在僕役宮：表示沒有朋友、很孤獨，也不想交朋友。(無論有無主星)

天空、地劫在官祿宮：表示頭腦空空，做事的智慧不高，愛幻想、不實際，一生也多不工作，常頭腦不清，一生無用。

天空、地劫在田宅宮：表示家無恆產、沒有房地產，家中人丁少，常無人在家。家中的人也相處冷淡或常見不到。你也可能不婚。你的財庫是空的，也存不住錢，會窮困，老年困窘無財。(無論有無主星)

天空、地劫

▼天空、地劫

天空、地劫在福德宮：表示其人幻想多、不實際、常頭腦空空、愛發呆、容易靈魂出竅，也容易產生精神問題，易有精神病。其人一生福少，容易自身身體有問題，或因災禍、變故而享受不到人生的福氣。一生中容易遇大災難，也易早夭。

天空、地劫在父母宮：易父母雙亡。

第八章 結論

我們在看過這麼多的天空、地劫的形式與格局之後，常會想：天空、地劫只是時系星，是因時間、時辰的關係，而對人造成這麼大的影響，真是讓人訝異！但這就是命理中的變數，也可說是命理中的概率問題。

世界上有上百億的人口，但大多居於北半球，這麼多不同命格的人，自然也會用出生地點和時辰上的差異來規格化其命格和人生了，所以天空、地劫這兩顆星也是在規格化人生之吉凶、善惡、福祿及貴賤等條件之一的星曜了。

天空、地劫

天空、地劫同時也是宇宙中時間與空間裡的一個或兩個黑洞。它會不停旋轉、形成漩渦，把人生中的一些運氣、智慧、財和環境、在你四周的有形的和無形的東西會捲進去吞噬掉。聽起來十分可怕，但實際上它無時無刻不在運行。**例如天空、地劫同在巳、亥宮的人，就是只有一個巨大的黑洞。**如果在田宅宮，就是房地產和家人、財運被吞噬了，有錢也存不住，家人少，或易不婚。如果是在六親宮如父母宮，就是父母和長輩的助力方面被吞噬掉了，易無父母、失怙失恃，幼年較辛苦，長大後也和長輩無緣。

例如：天空、地劫在『丑、酉』、『辰、午』、『子、戌』等宮的人，則是有兩個形似漩渦的黑洞在人生之命運之中，如果是在財、官二宮，就是工作和錢財在漩渦中旋轉靠近，當兩個黑洞形成一氣時，便什麼也不做成，也無財了。但如果你還會去工作，或從某人處能得到錢財，那這兩個黑洞便暫時不會靠攏，你人生的運氣也暫時不會遭吞噬。但一旦無工作，無錢，人生便會遭吞噬而無財、無運而生活辛苦了。

天空、地劫

又例如：天空、地劫在寅、申宮的人，其人生的黑洞處在兩極的地方，是相互吸引的，倘若是在命、遷二宮，這兩個人生的黑洞會很快的吸引合併，一定會造成你人生中的大變動而遭吞噬，就有災難，而易爬不起來了，一生也會無用。

在每個人的命盤中都有天空、地劫這兩顆星存在，因此每個人都有人生的黑洞，生於子時、午時的人，是一個大黑洞，而生於其他時的人是兩個互相旋轉靠近的黑洞。要如何防止這兩個黑洞相互吸引而合併，與防止人生命運遭黑洞所吞噬，這就是我們每人一生所要努力的工作與目標。否則我們就會全軍覆沒，而一生沒有作為

天空、地劫

▼天空、地劫

及成就，也就白白來此世界一遭了。因此我藉由此書，不但把天空、地劫的厲害介紹給大家，同時也希望大家能藉由此書巡視與檢討自己人生中的黑洞之所在，早早防堵，才能創造更燦爛、豐富的人生。在此與讀者共勉之。

你的財要怎麼賺

法雲居士⊙著

這是一本教您如何看到自己財路的書。

人活在世界上就是來求財的！財能養命，也會支配所有人的人生起伏和經歷。心裡窮困的人，是看不到財路的。你的財要怎麼賺？人生的路要怎麼走？完全在於自己的人生架構和領會之中，法雲居士利用紫微命理為您解開了這個人類命運的方程式，劈荊斬棘，為您顯現出您面前的財路。

你的財要怎麼賺？盡在其中！

紫微星曜專論

法雲居士⊙著

此書為法雲居士重要著作之一，主要論述紫微斗數中的科學觀點，在大宇宙中，天文科學的星和紫微斗數中的星曜實則只是中西名稱不一樣，全數皆為真實存在的事實。

在紫微命理中的星曜，各自代表不同的意義，在不同的宮位也有不同的意義，旺弱不同也有不同的意義。在此書中讀者可從法雲居士清晰的規劃與解釋中，對每一顆紫微斗數中的星曜有清楚確切的瞭解，因此而能對命理有更深一層的認識和判斷。

此書為法雲居士教授紫微斗數之講義資料，更可為誓願學習紫微命理者之最佳教科書。

如何觀命、解命
如何審命、改命
如何轉命、立命

法雲居士⊙著

古時候的人用『批命』，是決斷、批判一個人一生的成就、功過和悔吝。

現代人用『觀命』、『解命』，是要從一個人的命理格局中找出可發揮的潛能，來幫助他走更長遠的路及更順利的路。

從觀命到解命的過程中需要運用很多的人生智慧，但是我們可以用不斷的學習，就能豁然開朗的瞭解命運。

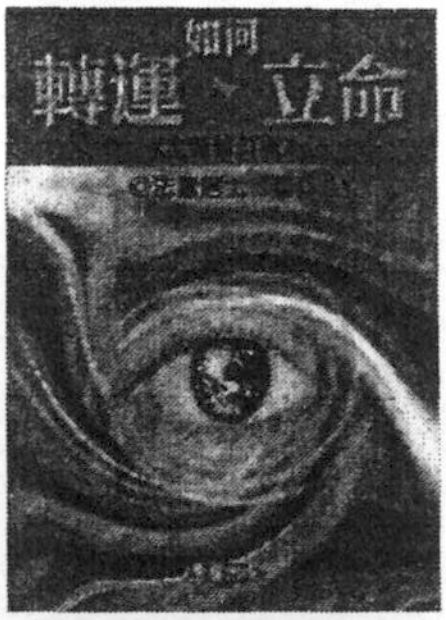

一般人從觀命開始，把命看懂了之後，就想改命了。命要怎麼改？很多人的看法不一。改命最重要的，便是要知道命格中受刑傷的是哪個部份的命運？再針對刑剋的問題來改。

觀命、審命是人生瞭解命運的第一步。知命、改命、達命，才是人生最至妙的結果。

這是三冊一套的第三本書，由觀命、審命，繼而立命。由解命、改命，繼而轉運，這其間的過程像連環鎖鏈一般，是缺一個環節而不能連貫的。

常常我們會對人生懷疑，常想：要是那一年我做的決定不是那樣，人生是否會改觀了呢？您為什麼不會做別的決定呢？這當然有原因，而原因就在此書中！

如何算出你的偏財運

法雲居士⊙著

這是一本讓您清楚掌握人生運程高潮的書，
讓您輕而易舉的獲得令人欽羨的事業和財富。
您有沒有偏財運？偏財運會改變您的一生！
您在何時會有偏財運？如何幫助引爆偏財運？
偏財運的禁忌？以上種種的問題，
在此書中您將會清楚地獲得解答。

法雲居士集二十年之研究經驗，利用科學命理的方法，教您準確地算出自己偏財運的爆發時、日。若是您曾經爆發過好運，
或是一直都沒有好運的人，要贏！要成功！
一定要看這本書！為自己再創一個奇蹟！

如何掌握旺運過一生

法雲居士⊙著

這是一本教您如何利用『時間』來改變自己命運的書！旺運的時候攻，弱運的時候守，人生就是一場攻防戰。這場仗要如何去打？
為什麼拿破崙在滑鐵盧之役會失敗？
為什麼盟軍登陸奧曼第會成功？
這些都是『時間』這個因素的關係！
在您的命盤裡有哪些居旺的星？
它們在您的生命中扮演著什麼樣的角色？
它們代表的是什麼樣的時間？在您瞭解這些隱藏的契機之後，您就能掌握成功，登上人生高峰！

如何幫子女找一個好生辰

法雲居士⊙著

從歷史的經驗裡，告訴我們命格的好壞和生辰的時間有密切關係，命格的高低又和誕生環境有密切關係，這就是自古至今，做官的、政界首腦人物、精明富有的老闆，永享富貴及高知識文化，而平民百姓永遠在清苦的生活中與低文化的水平裡輪迴的原因。

人生辰的時間，決定命格的形成。

命格又決定人一生的成敗、運途與成就。

每一個人在受孕及出生的那一剎那已然決定了一生。很多父母疼愛子女，想給他一切世間最美好的東西，但是為什麼不給他一個『好命』呢？

『幫子女找一個好生辰』就是父母能為子女所做，而很多人卻沒有做的事，有智慧的父母們！驚醒吧！

請不要讓孩子一開始就輸在命運的起跑點上！

如何選取喜用神

上、中、下冊

法雲居士⊙著

(上冊)選取喜用神的方法與步驟。

(中冊)日元甲、乙、丙、丁選取喜用神的重點與舉例說明。

(下冊)日元戊、己、庚、辛、壬、癸選取喜用神的重點與舉例說明。

每一個人不管命好、命壞，都會有一個用神與忌神。喜用神是人生活在地球上磁場的方位。喜用神也是所有命理知識的基礎。

及早成功、生活舒適的人，都是生活在喜用神方位的人。運蹇不順、夭折的人，都是進入忌神死門方位的人。門向、桌向、床向、財方、吉方、忌方，全來自於喜用神的方位。用神和忌神是相對的兩極。一個趨吉，一個是敗地、死門。兩者都是人類生命中最重要的部份。

你算過無數的命，但是不知道喜用神，還是枉然。法雲居士特別用簡易明瞭的方式教你選取喜用神的方法，並且幫助你找出自己大運的方向。

簡易大六壬神課詳析

法雲居士⊙著

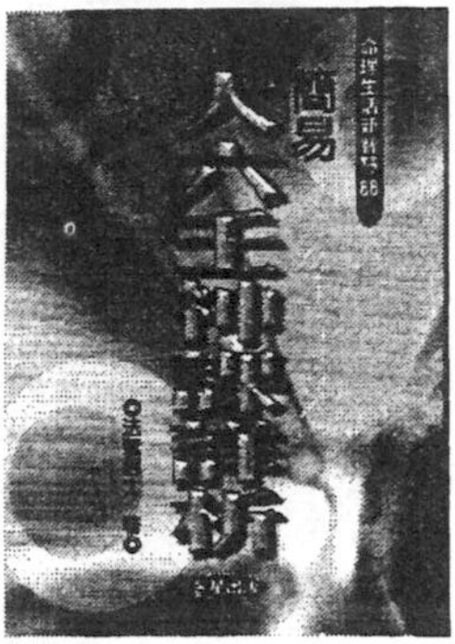

『六壬學』之占斷法是歷史上最古老的占卜法。其年代可上推至春秋時代。
『六壬』與『易』有相似之處，都是以陰陽消長來明存亡之道的卜術。學會了之後很容易讓人著迷。它也是把四柱推命再繼續用五行生剋及陰陽等方式再變化課斷，以所乘之神及所臨之地，而定吉凶。

新的二十一世紀災難連連，天災人禍不斷，卜筮之道中以『六壬』最靈驗，
但大多喜學命卜者害怕其手續煩雜，
不好入門，特此出版此本簡易篇以解好學者疑義。
並能使之上手，能對吉凶之神機有倏然所悟！

紫微命理子女教育篇

法雲居士⊙著

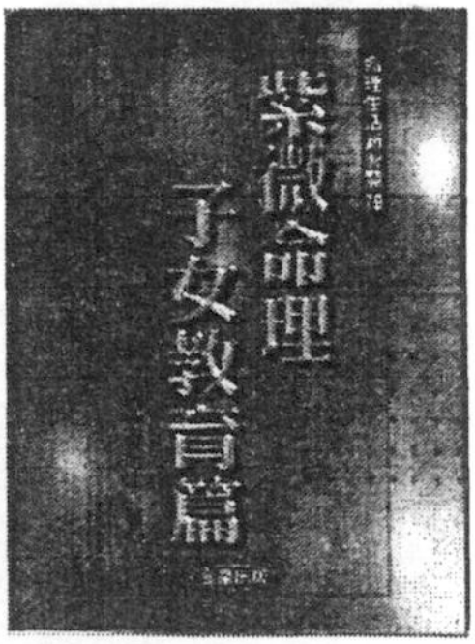

《紫微命理子女教育篇》是根據命理的結構來探討小孩接受教化輔導的接受度，以及從命理觀點來談父母與子女間的親子關係的親密度。

通常，和父母長輩關係親密的人，
是較能接受教育成功的有為之士。
每個人的性格會影響其命運，因材施教，
也是該人命運的走向，故而子女教育篇實
是由子女的命格已先預測了子女將來的成就了。

如何尋找磁場相合的人

每個人一出世，便擁有了自己的磁場。

好的磁場就是孕育成功人士、領導人、有能力的人，以及能造福人群的人的孕育搖籃；同時也是享福、享富貴的天然樂園。

壞的磁場就是多遇傷災、破耗、人生困境、貧窮、死亡，以及災難無法躲過的磁場環境。

人為什麼有災難、不順利、貧窮、或遭遇惡徒侵害導致不能善終的死亡？這完全都是磁場的問題。

法雲居士用紫微命理的方式，讓您認清自己周圍的磁場環境，也幫您找到能協助您、輔助您脫離困境、以及通往成功之路的磁場相合之人。讓您建立一個能享受福財與安樂的快樂天堂。

用顏色改變運氣

法雲居士⊙著

顏色中含有運氣，運氣中也帶有顏色！

中國有一套富有哲理系統的用色方法和色彩學。更可以利用顏色來改變磁場的能量，使之變化來達成改變運氣的方法。這套方法就是五行之色的運用法。

現今我們對這一套學問感到高深莫測，但實則已存在我們人類四周有數千年歷史了。

法雲居士以歷來論命的經驗和實例，為你介紹用顏色改變運氣的方法和效率，讓你輕輕鬆鬆的為自己增加運氣和改運。

如何掌握婚姻運

法雲居士⊙著

在全世界的人口中，只有三分之一的人，婚姻幸福美滿的人，可以掌握到婚姻運。這和具有偏財運命格之人的比例是一樣的，你是不是很驚訝！

婚姻和事業是人生主要的兩大架構。掌握婚姻運就是掌握了人生中感情方面的順利幸福，這是除了錢財之外，人人都想得到的東西。誰又是主宰人們婚姻運的舵手呢？

婚姻運會影響事業運，可不可能改好呢？

每個人的婚姻運玄機都藏在自己的紫微命盤之中，法雲居士以紫微命理的方式，幫你找出婚姻運的癥結所在，再以時間上的特性，教你掌握自己的婚姻運。並且幫助你檢驗人生和自己ＥＱ的智商，從而發展出情感、財利兼備的美滿人生！

紫微格局看理財

法雲居士⊙著

『理財』就是管理錢財，必需愈管愈多！因此，理財就是賺錢！每個人出生到這世界上來，就是來賺錢的，也是來玩藏寶遊戲的。

每個人都有一張藏寶圖，那就是您的紫微命盤！一生的財祿福壽全在裡面了。

同時，這也是您的人生軌跡。玩不好藏寶遊戲的人，也就是不瞭解自己人生價值的人，是會出局，白來這個世界一趟的。

因此您必須全神貫注的來玩這場尋寶遊戲。

『紫微格局看理財』是法雲居士用精湛的命理推算方式，引領您去尋找自己的寶藏，找到自己的財路。並且也教您一些技法去改變人生，使自己更會賺錢理財！

命理生活新智慧・叢書46

如何推算大運、流年、流月

（上、下二冊）

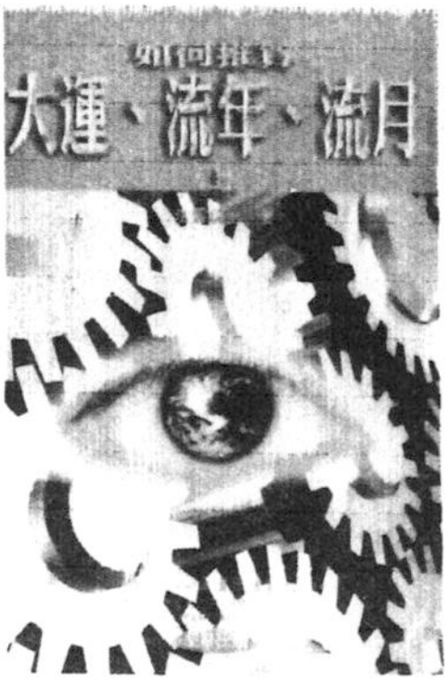

全世界的人在年暮歲末的時候，都有一個願望。都希望有一個水晶球，好看到未來一年中跟自己有關的運氣。是好運？還是壞運？

中國人也有自己的水晶球，那就是紫微命理精算時間的法寶。在紫微命理中不但可看到你未來一年的命運，更可以精確的看到你這一生中每一個時間，年、月、日、時的運氣過程。非常奇妙。

『如何推算大運・流年・流月』這本書，是法雲居士利用紫微科學命理教你自己學會推算大運、流年、流月，並且包括流日、流時等每一個時間點的細節，讓你擁有自己的水晶球，來洞悉、觀看自己的未來。從精準的預測，繼而掌握每一個時間關鍵點。

這本『如何推算大運・流年・流月』下冊書中，法雲居士利用紫微科學命理教你自己來推算大運、流年、流月，並且將精準度推向流時、流分，讓你把握每一個時間點的小細節，來掌握成功的命運。

古時候的人把每一個時辰分為上四刻與下四刻，現今科學進步，時間更形精密，法雲居士教你用新的科學命理方法，把握每一分每一秒。

在每一個時間關鍵點上，你都會看到你自己的運氣在展現成功脈動的生命。

法雲居士⊙著

金星出版

對你有影響的

權、祿、科

法雲居士⊙著

在每一人的生命歷程中，都會有能掌握一些事情的力量，對某些事情能圓融處理的力量。又有某些事情是使你頭痛，或阻礙你、磕絆你的痛腳。這些問題全來自出生年份所形成的化權、化祿、化科、化忌的四化的影響。『權、祿、科』是對人有利的，能促進人生進步、和諧、是能創造富貴的格局。『權、祿、科』的配置好壞就是能決定人生加分、減分的重要關鍵所在。

星曜特質系列包括：『羊陀火鈴』、『十干化忌』、『殺、破、狼』上下冊、『權、祿、科』、『天空地劫』、『昌曲左右』、『紫、廉、武』、『府相同梁』上下冊、『日月機巨』、『身宮和命主、身主』。

此套書是法雲居士對學習紫微斗數者常忽略或弄不清星曜特質，常對自己的命格有過高的期望或過於看輕的解釋，這兩種現象都是不好的算命方式。因此以這套書來提供大家參考與印證。

對你有影響的

十干化忌

法雲居士⊙著

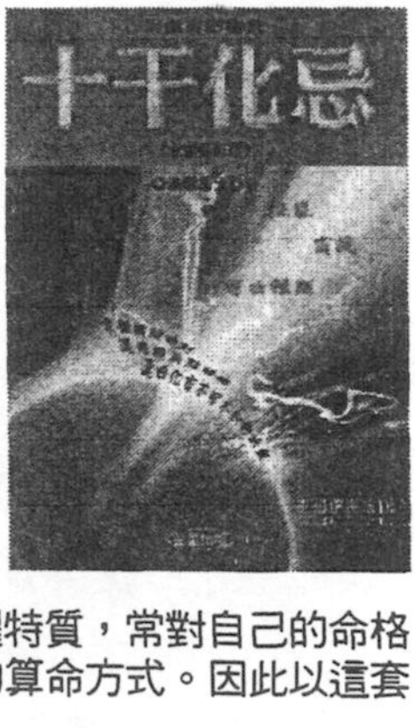

『權祿科忌』是一種對人生的規格與約制，十種年干形成十種不同的、對人命的規格化，以出生年份所形成的四化，其實就已規格化了人生富貴與成就高低的格局。『權祿科』是決定人生加分的重要關鍵，『化忌』是決定人生減分的重要關鍵，加分與減分相互消長，形成了人世間各個不同的人生格局。『化忌』也會是你人生命運的痛腳及力猶未逮之處。

星曜特質系列包括：『殺、破、狼』上下冊、『羊陀火鈴』、『十干化忌』、『權、祿、科』、『天空地劫』、『昌曲左右』、『紫、廉、武』、『府相同梁』上下冊、『日月機巨』、『身宮和命主、身主』。

此套書是法雲居士對學習紫微斗數者常忽略或弄不清星曜特質，常對自己的命格有過高的期望或過於看輕的解釋，這兩種現象都是不好的算命方式。因此以這套書來提供大家參考與印證。

命理生活新智慧・叢書

紫微斗數全書詳析

《上、中、下、批命篇》四冊一套

◎法雲居士◎著

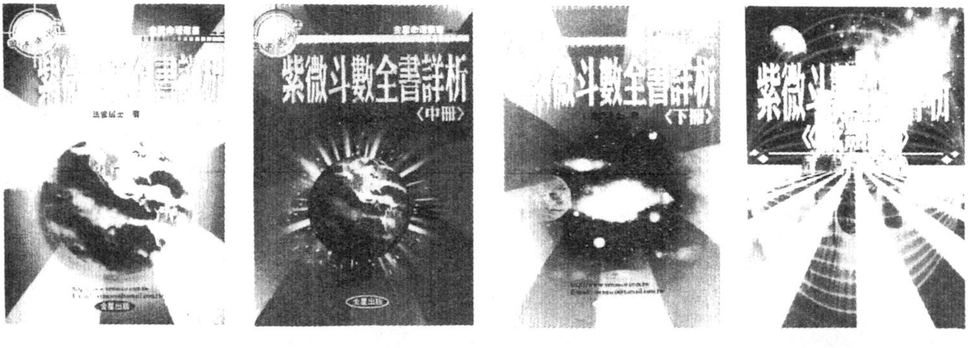

『紫微斗數全書』是學習紫微斗數者必先熟讀的一本書。但是這本書經過歷代人士的添補、解說或後人在翻印上植字有誤，很多文義已有模糊不清的問題。

法雲居士為方便後學者在學習上減低困難度，特將『紫微斗數全書』中的文章譯出，並詳加解釋，更正錯字，並分析命理格局的形成，和解釋命理格局的典故。使你一目瞭然，更能心領神會。

這是一本進入紫微世界的工具書，同時也是一把打開斗數命理的金鑰匙。

VENUS PUBLISHING CO.
金星出版
命理生活新智慧・叢書

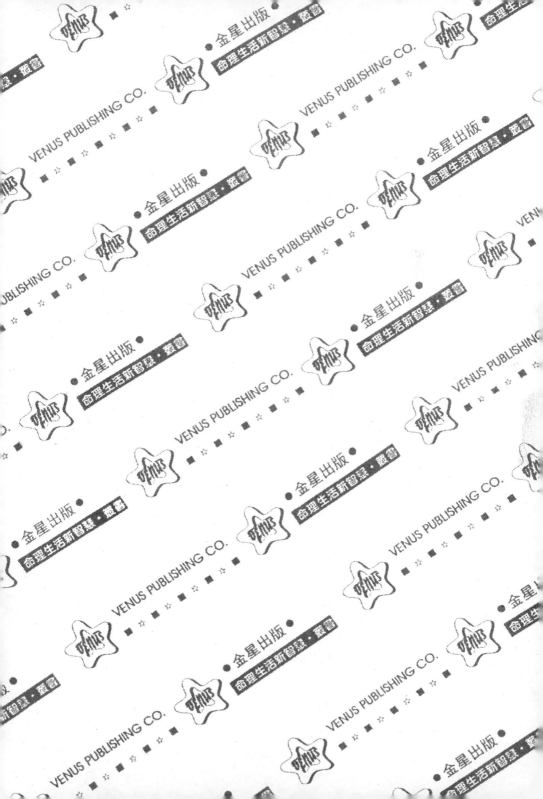

VENUS PUBLISHING CO.
金星出版
命理生活新智慧・叢書